공 차던 소년,
세상을 경영하다

공 차던 소년, 세상을 경영하다

초판 1쇄 발행 2023년 9월 22일

지은이 고용필
펴낸곳 드림위드에스
출판등록 제2021-000017호

교정 서은지
편집 서은지
검수 서은지
마케팅 위드에스마케팅

주소 서울특별시 강남구 학동로 165, 2층 (신사동)
이메일 dreamwithessmarketing@gmail.com
홈페이지 www.bookpublishingwithess.com

ISBN 979-11-92338-54-5(03690)
값 17,000원

- 이 책의 판권은 지은이에게 있습니다.
- 이 책 내용의 전부 또는 일부를 재사용하려면 반드시 지은이의 서면 동의를 받아야 합니다.
- 잘못된 책은 구입하신 곳에서 바꾸어 드립니다.

공 차던 소년, 세상을 경영하다

고용필 지음

> 전국 최대 축구 클럽 성동FC,
> 고용필이 그리는 미래
> 성동FC의 노하우를 담다!

드림위드에스

목차

추천의 말 1 - 초등학교 은사 김기찬 6
추천의 말 2 - 브랜드 디렉터 김균현 8
머리글 9

01 모두가 그랬듯, 내 꿈도 축구

1. 엘리트 축구, 그러나 불행했던 시절   12
2. 소년 풋살을 만나다   16
3. 일급 17,500원 그리고 나이키 풋살 대회   19

02 그럼에도 불구하고, 다시 축구

1. 영국에서 다시 시작된 나의 꿈   26
2. 내가 가는 곳이 곧 길이다 - **새로운 꿈을 향해**   32
3. 선수에서 지도자로 그리고 경영진으로   36

03 어디에서도 말한 적 없는 성동FC 이야기

1. 지금의 성동FC가 만들어지기까지   42
2. 축구 클럽 경영 10계명   55
3. 회사의 가장 큰 자산, 가족 같은 직원들   73
4. 창업을 준비하면서 유의할 팁   77
5. 내가 정치에 나선 이유   82

04 실내 축구 교실 실무

1. 축구에 대한 기본 상식   86
2. 사업에 앞서서   96
    1) 사업자 등록증 내는 방법   96
    2) 임대차 계약 방법   102
    3) 시설 허가 받기   113
3. 어디에서 시작할 것인가   122
    1) 학군, 주거 고려하기   122
    2) 건물 고르기   125

나가며 127

부록 129
- 실내 축구장은 필수! "왜 그럴까?"

추천의 말 1 – 초등학교 은사 김기찬

  선생으로서 가장 큰 보람을 느끼는 순간이 있다면, 그것은 바로 제자의 성공일 것이다. 축구 선생, 감독으로서 프로 선수들을 배출해 낸 사람은 있었겠지만, 의원을 배출해 낸 축구 감독은 있을까? 이 부분은 내가 최초라 생각하며, 큰 자부심을 가지고 있다. 현재도 아이들을 지도하며, 축구가 인생의 전부가 아닌 바른 아이로 성장할 수 있도록 지도를 하는 게 교육 철학이 되었다. 처음 용필이를 보았던 게 어제 일처럼 선하다. 축구를 처음 하는 날, 자기보다 몇 달은 일찍 다닌 친구에게 공을 뺏겼다는 이유로 속상해하던 모습이 생각났다. 대단한 승부욕을 가지고, 경기장에서 지고 못 사는 성격을 보며, 저 정도의 승부욕이라면 무엇을 하던지 용필이는 해낼 것 같다라는 생각을 그때 문득 하였던 기억이 있다. 초등학교 6학년 때 팀의 주장을 맡기며 무한한 신뢰를 보내 주었다. 경기장에서는 팀의 리더로서 적극성을, 경기장 밖에서는 친구들을 살뜰히 챙기는 반전 매력에, 지도자로서 예뻐할 수밖에 없는 선수였다. 성인이 된 이후 나와 같은 지도자의 길을 걷겠다고 하였을 때, 옆에서 큰 힘이 되어 주려 노력하였고, 처음에는 미숙하였지만 학부모님이나 아이들을 상대하며 사람을 대하는 완숙함이 생기는 모습을 지켜보았다. 용필이는 5명으로 축구 교실을 시작하였지만, 현재는 약 2천 명의 학생이 웃고 즐기는 엄청난 클럽을 육성, 거기에 멈추지 않고 구 의원으로서 구민들의 민원을 듣고, 해결해 주는 해결사 역할까지 충실히 해내고 있다. 자랑스러운 제자의 모습에 스승으로서 뿌듯함과 존경을 보낸다. 책을 먼저 읽어 보니 얼마나 용필이가 힘들고, 거친 세상을 살아왔는지 스승으로서 알아주지 못해 미안한 마음과 대견한 마음이 공존하였다. 책머리의 추천사를 부탁한다는 말에 얼마나 고마웠는지 모른다. 이 책을 읽어 보게 된다면 고용필이 어떻게 성장했는지, 축구 클럽을 운영하는 데 있어, 피와 살이 될 조언들이 있을 것이다. 많은 체육인들의 바이블이 될 이 책에 추천의 말을 적게 되어 다시 한번 기쁘게 생각한다. 나의 사랑하는 제자, 고용필 파이팅!

추천의 말 2 - 브랜드 디렉터 김균현

　나는 이 책에 간혹 등장하는 '형'이라는 사람이다. 저자와의 인연은 17년 전으로 거슬러 올라간다. 아직 앳된 모습이었던 소년의 첫인상은 십수 년이 지난 지금까지도 꽤 선명하게 남아 있다. 그 어린 나이에도 꿈을 이루기 위해 몰두하는 집중력이 있었고, 목표를 위해서라면 어떤 희생도 감수하겠다는 결연한 의지가 있었다. 그 과정에서 그가 숱하게 경험해야 했던 어려움과 일종의 좌절들을 옆에서 지켜보았고, 그럴 때마다 결국은 해내고야 마는 끈기에 감탄했다. 나는 남김없이 열정을 쏟는 그에게 조력자 역할을 하며 응원했다. 그리고 때론 그에게서 영감을 얻기도 했다.

　이 책은 저자가 수많은 난관들을 이겨 내고 체육인으로서, 사업가로서, 인간으로서 성장하는 과정을 그린다. 평소 저자의 바람대로 같은 길을 걷게 될 후배들을 위한 지침이라고 볼 수 있다. 더 넓게 보자면 미완 상태의 한 인간이 좌절을 극복하고 목표를 향해 달려가는 스토리다. 그렇기 때문에, 그의 경험을 담은 이 책이 더 많은 청소년, 청년들에게 귀감이 될 수 있길 희망한다.

머리글

"어떻게 하면 실내 축구장을 만들 수 있나요?"
"비용은 얼마나 들까요?"

아마도 이 두 질문은 성동구에서 유소년 축구 클럽을 만들고, 지점수를 늘리고, 체육의 중요성을 지역 사회에 알리기 위해 구 의원이 된 지금까지 가장 많이 들어 본 말일 것이다. 이는 처음 만들 당시에는 낯설었던 개념인 실내 축구 클럽을 꾸준히 운영해 오고, 지금은 어느 정도 자리를 잡은 이 사업이 가진 많은 잠재력에 주목하는 이들이 많다는 반증이기도 하다. 물론 이에 대한 궁금증은 단순히 사업성이나 수익에 대한 호기심에서 시작한 것이 대다수이다. 그러나 한편으로는 나의 제자가 축구 교실의 강사가 되기도 하고, 프로 축구 선수로 데뷔하는 등 끈끈하게 관계를 오랫동안 이어 온 나의 비결에 대한 궁금증에서 시작된 질문이기도 하다. 나는 이 사업에 관심을 가진 사람들을 나의 경쟁자라고 생각하지 않는다. 따라서 매번 나의 노하우와 운영 방식에 대해 나눠 왔었다. 우리나라에선 아직 스포츠 클럽의 입지가 작기 때문에 더 확장될 필요성이 있다고 느꼈기 때문이다. 책을 쓰겠다고 결심한 것도 그러한 이유에서 출발했다. 유소년 축구 교실을 창업하게 된 과정과 운영 방식 그리고 스포츠 교육의 중요성을 역설하는 이유까지 모두 한 권에 담고자 했다.

당연히 쉽지 않은 길이었다. 실패하기도 하고 뒤돌아 몰래 눈물을 삼키기도 했던 그 시절로부터 조금씩 더 나아지는 방향을 고민하다가 나는 지금 여기까지 왔다. 축구를 좋아하는 그 마음 하나로 시작하여 이제는 스포츠 교육의 필요성에 대해 당당히 의견 낼 수 있는 구 의원 자리에 오르기까지. 나의 스포츠는 아직 현재 진행 중이다.

01

모두가 그랬듯, 내 꿈도 축구

- 엘리트 축구, 그러나 불행했던 시절
- 소년 풋살을 만나다
- 일급 17,500원 그리고 나이키 풋살 대회

엘리트 축구, 그러나 불행했던 시절

때는 초등학교 2학년 시절. 형을 따라서 축구를 하러 갔다가 축구의 재미에 매료되었다. 축구 선수가 되고 싶었던 형은 내가 초등학교 4학년 때 축구부가 있는 학교로 전학을 갔다. 당시에는 지금과 같이 클럽 문화가 없고, 학교 위주로 운영될 때였다.

권투 선수 출신이셨던 아버지는 형제 중 한 명이 축구를 했으면 하는 바람을 갖고 계셨다. 형은 원래 축구를 워낙 좋아했기 때문에 형과 사이가 좋던 나도 축구를 즐겨 하곤 했다. 형이 축구에 재능을 보이자 아버지는 형을 엘리트 축구를 경험할 수 있는 학교로 전학 보내셨다. 덕분에 형은 엘리트 축구 경험을 쌓았지만 얼마 되지 않아 힘들다는 이유로 이를 그만두게 되었다. 지금 생각해 봐도 형의 선택에 일면 이해 가는 부분이 있다.

고된 훈련과 선후배 간 엄격한 상하 관계 속 버티기 어려운 날들이 지속되었다. 당시 엘리트 축구 분위기는 너무나 가혹하고, 초등학생들이 쉬이 감당하기엔 힘든 여건이었다.

형이 엘리트 축구를 그만두게 되자, 아버지의 관심은 나에게로 향했다. 형이 축구를 그만두자 내가 엘리트 축구를 경험해 볼 기회를 갖게 된 것이다. 하지만 엘리트 축구 경험은 당시 나에게도 축구에 대한 흥미를 잃게 하기에 충분했다. 이는 많은 운동선수들이 겪는 일이기도 하다. 처음에는 특정 종목이나 운동이 좋아서 시작한다고 하더라도, 이후에는 억지로 부모님의 기대를 충족시키기 위해 이어 나가는 것이다. 어린 나이였던 나에게도 부모님의 이러한 기대는 큰 부담이었던 기억이 난다. 부모님께서는 엘리트 축구를 하던 나를 자랑스러워하시며 여기저기 축구 선수가 될 것이라고 자랑도 하고 다니셨던 기억이 난다. 여러모로 축구를 좋아한다는 이유 단 하나만으로는 지속하기 어려운 나날의 연속이었다.

당시 관내에 축구 클럽이나 학교 축구부가 없었기 때문에, 축구부가 유명한 학교로 전학을 간 이후부터는 버스 두 번, 지하철 두 번을 타야만 통학이 가능했다. 여러 교통수단을 환승하며 초등학생이 학교와 집을 오가는 것은 쉬운 일이 아니었다. 더구나 힘든 훈련 끝에 먼 시간이 걸려 집으로 돌아가는 길은 언제나 무거운 발걸음이었던 기억이 난다. 동네에서 학교를 다니는 것이 아니기 때문에 학교를 가지 않는 날이면 동네에 놀 친구가 없던 것도 나를 외롭게 했다. 지역

내에 제대로 된 축구 클럽이 있었다면 하는 바람은 이 시절의 경험으로부터 온 것이라고도 볼 수 있다.

또한 당시 운동부들의 강압적인 문화나 위계질서는 나를 심적으로도 굉장히 힘들게 했다. 당시는 기술적인 부분이 아닌 체력과 정신력을 강조하는 운동들이 많았고, 처음 운동을 하는 내가 당시 훈련들을 따라가는 것은 육체적으로 굉장한 부담이 될 수밖에 없었다. 운동을 마치면 그 외 시간에는 선배들의 눈치를 보기 바빴던 시간의 연속이었다. 하지만 다행히 훌륭한 지도자분들을 만나 6학년 때에는 많은 관심과 기대 속에 주장을 맡으며 팀을 이끌기도 하였다. 초등학교를 졸업 후 관내 유명한 중학교에 입학을 하면서 내 축구 인생은 새로운 국면에 접어들었다. 각 초등학교별 1, 2번의 내로라하는 선수들이 모이다 보니, 내가 초등학생일 때는 축구를 잘한다고 생각했지만 막상 가서 보니 나보다 더 잘하는 사람이 많아서 위축이 되기도 했던 기억이 있다. 체격 조건 또한 문제가 되었다. 신체적인 조건을 중요하게 생각하는 운동인 만큼, 당시 명문이라고 불리던 축구부에서는 체격을 중요하게 생각했다. 때문에 키가 작고 말랐던 나는 주전 선수가 아닌 제2의 선수 취급을 받았다. 이런 상황에 아버지는 축구를 그만둔다는 선택 대신에 다른 학교로의 전학을 고려하실 만큼 축구에 대한 열정이 완강하셨다.

많아 봐야 10대 초반이었던 어린 나는 부모의 기대에 부담을 느끼는 한편, 집안 사정에 대해서는 잘 알지 못했다. 우리나라에서 예체능 공부를 이어 나가기에는 막대한 금전적인 부담이 드는 것이 사실이다. 당연하게 이어지던 부모님의 지원에 나는 머리가 어느 정도 커진 이후에야 당시 집안이 어려웠다는 사실 또한 알게 되었다.

 좋아서 시작한 축구였지만, 어느 순간부터는 나의 의지로 멈출 수 없는 일이 된 것이다. 힘들다는 내색을 하는 것조차 조심스러웠던 때였다. 하지만 먼 통학 거리, 축구부 내의 분위기, 집안 사정과도 같은 이유로 엘리트 축구 생활은 나를 축구로부터 점차 멀어지게 하고 있었다.

소년 풋살을 만나다

나는 중학교 1학년 때 축구부 생활을 그만두었다. 운동부 학생에서 일반 학생이 된 것이다. 초등학생 때는 축구부 주장이었고, 주장에 걸맞는 대우에도 익숙해져 있는 상태였다. 그러다가 중학생이 되었다. 중학생 때는 초등학교 시절과 달리 큰 주목을 받는 선수는 되지 못했다.

능력을 인정받지 못하니 성과가 나오지 못했고, 또 그러다 보니 축구가 재미없어져서 훈련을 이어 갈 동력도 찾지 못했다. 그저 부모님의 기대를 충족시키기 위해 그리고 그저 내가 계속해 온 일이기 때문이라는 건강하지 못한 이유로 끌려가듯 축구를 계속해 나갈 뿐이었다.

그러던 어느 날 어머니가 먼저 말씀을 꺼내셨다. 교육비 충당도 어렵고, 축구에 대한 열정도 없어 보이니 축구를 그만두는 것이 어떻겠

냐는 것이었다. 그만두고 싶다는 말을 감히 꺼낼 자신이 없던 나는 지금 생각해 보면 어머니의 그 말만을 기다리고 있던 것 같다. 아버지에게는 여전히 축구를 그만하겠다는 말을 꺼내는 것이 어려워서 직접 말씀조차 드리지 못했다. 어머니에게 아버지께 말을 전해 주실 수 있냐고 물어봤던 기억이 있다.

아버지는 당연히 내게 크게 실망하셨다. 그만큼 내게 거는 기대가 크셨던 탓이다. 학교 축구부와 맞지 않는 것 때문이면 다른 학교로 전학을 가서 축구를 이어서 하라고도 말씀하셨다. 그러나 나의 결심은 단단했다. 어린 나의 생각으로도 당시 스스로에 대한 평가는 냉정했다. '지금 팀에서도 버티지 못하고 축구를 그만두는데, 다른 팀에 가면 내가 잘할 수 있을까?', '축구를 계속한다면 지금 내가 도망치는 축구팀의 선수들과 언젠가는 다시 마주칠 텐데 그러한 축구판에서 내가 살아남을 수 있을까?'와 같은 의심들이 앞섰다. 더구나 전학을 간다면 새로 교복을 구입해야 할 텐데, 집안 사정상 교복을 구매하기도 어려운 상황이라는 것을 알고 있기에 전학 자체에도 회의적이었다.

내 경우 축구부만을 위해 집과 거리가 먼 곳으로 전학 온 것이었고, 보통 축구를 그만두는 경우 학생들은 전학을 가는 경우가 일반적이었다. 나는 그 학교를 계속 다니면서 졸업까지 하기로 결심했다.

운동부에 소속된 학생들은 교과 과정도 일반 학생들과 다르고, 방과 후에도 훈련을 계속하기 때문에 운동부끼리 어울려 다니는 경우가 일반적이다. 그러나 나는 평상시에 운동부가 아닌 다른 학생들과도 잘 어울려 다녔기에 운동을 그만둔 이후에도 교우 관계에서는 큰 어려움을 겪지 않았다. 막 축구를 그만두니 감독이나 코치님, 같이 운동하던 친구들은 왜인지 모를 민망함에 피해 다녔다. 힘들었던 시절, 친구들에게도 많이 의지를 했던 기억이 난다. 돌아봐도 고마운 마음뿐이다.

　엘리트 운동은 그만뒀지만 그렇다고 축구에 대한 열정이 사라진 것은 아니었다. 학교 운동장에서 친구들과 뛰어놀며 축구 경기를 즐기던 나날이 이어졌다.

　그렇게 중학교 졸업반이 되었을 무렵 나이키 풋살 대회의 존재를 알게 됐다. 함께 풋살을 즐기던 친구들과 함께 출전을 결심하고 대회를 준비했다. 스스로 즐기는 축구를 하다 보니 1학년 선수 시절보다 실력이 눈에 띄게 늘게 됐다. 아무리 뛰어도 지칠 줄 모르는 즐거움이 계속됐다. 훈련에 대해 스트레스를 받는 것이 아니라 진짜 즐기는 축구를 했던 것이 이유일 것이다. 그때 이후로 풋살을 시작하게 됐다. 나이키 풋살 대회는 1년에 한 번씩 열렸고, 친구들과 함께 매년 열심히 준비하여 성실하게 참여했다.

일급 17,500원 그리고 나이키 풋살 대회

철없던 어린 시절과 달리, 고등학생이 되니 집안 사정이 어렵다는 게 눈에 들어오기 시작했다. 이 사실을 알게 된 이후부터는 단 한순간도 쉬지 않고 아르바이트를 이어 왔다. 고등학교 1학년 때 이후로는 아르바이트를 쉬어 본 기간이 없었다.

고등학교 1학년 때 사당역에 위치한 고깃집에서 아르바이트를 처음 시작하게 되었다. 지금도 그렇지만 그 당시에도 고등학생이 아르바이트를 구하는 것은 쉽지 않은 일이었다. 하지만 휴대폰 요금이나 급식비, 문제집들을 구매하는 비용을 스스로 충당해야 했기에 나로서는 아르바이트가 선택이 아닌 필수였다.

당시 시급은 3천 원대였다. 2023년 현재 최저 시급이 9,620원인 것을 고려하면 1/3 수준이다. 학교가 끝나고 밤까지 아르바이트를 하면 하루에 17,500원을 벌 수 있었다. 말하자면 일급이 17,500원인 셈이다. 지금 생각하면 적은 돈이지만 당시의 나에게는 내가 직접 땀 흘려서 벌어들인 소중한 노동 수익이자 생활비였다.

어느 날은 손을 크게 베였었다. 피가 계속 나는데 티가 나면 혹시라도 그만두라고 하실까 봐 손을 감추면서도 일을 하러 갔던 기억이 있다. 그만큼 나에게 그 아르바이트는 간절했다. 고등학생이 아픈 것까지 숨기면서 성실히 일을 하려는 모습을 보고 사장님께서도 안쓰러웠는지 도와주셨던 감사한 기억도 있다.

이렇게 시작한 첫 아르바이트는 2년 반, 가게가 다른 곳으로 팔릴 때까지 계속 함께 일했다. 당시 젊은 사장님이었던 분과는 호형호제하며 지낼 정도로 가까워졌고, 나중이 되어서야 내가 가장 먼저 그만둘 줄 알았는데 오랫동안 함께 일해 줘서 고맙다는 말씀을 전하셨다. 이 시절 일했던 경험은 현재 나의 음식 취향에도 영향을 주었다. 이전까지는 그다지 좋아하지 않던 음식인 삼겹살을 이토록 많은 손님들이 찾는 이유가 궁금해 먹어 보다가 삼겹살을 좋아하게 된 것이다. 지금까지도 삼겹살은 내가 좋아하는 음식 중의 하나로 남아 있다.

아르바이트하는 시간 외에는 풋살에 빠져 지냈다. 계속해서 풋살을 하며 경기 경험을 쌓다 보니 재미가 붙어서 다시 축구 선수가 되고 싶다는 생각이 들었다. 그렇지만 어린 마음에 축구부를 중간에 그만뒀다는 사실이 내 스스로를 옭아매었고 내가 다시 할 수 있다는 자신감이 없었다. 하지만 이러한 풋살 경험으로 인해 내가 축구로 다시 인정받을 수 있다는 것을 확인할 수 있는 계기가 되었다.

나는 '고래고래' 팀으로 나이키 풋살 전국 대회에 매년 출전했다. 나이키 풋살 대회만을 기다리면서 살았던 시기였다. 토너먼트를 거쳐서 치러지는 전국 대회에서 난 언제나 서울 대표 자리를 놓치지 않았다.

열정이 그 어느 때보다도 넘치던 시기였다. 나이키 풋살 대회는 선착순으로 경기를 진행하는 방식이었기 때문에 일부러 서울에서 마지막 기차를 타고 새벽에 경기장에 도착하곤 했다. 밤을 새고 새벽부터 줄을 서서 최대한 많은 경기를 할 수 있도록 줄을 섰다. 금요일 밤 11시에 사당역에서 아르바이트가 끝나면 서울역으로 가서 12시 30분에 있는 막차를 탔다. 새벽에 도착하면 경기장에서 줄을 서다 선잠을 자고, 근처 찜질방에서 잠깐 눈을 붙였다. 한 경기에 3분을 기준으로 경기가 진행되었고, 하루에 5~6경기를 뛰어 최대한 승리 포인트를 많이 쌓아야 다음 단계로 올라갈 수 있었다. 승리 즉시 쌓이는 포인트를 모으는 재미 또한 우리들을 풋살에 미치게 한 동력이었다.

고등학생들이 감당하기엔 교통비 또한 큰 부담이었던지라, 청소를 도와드린 후에 차를 얻어 타서 서울로 올라온 적도 있었다. 인생의 시계와 달력 전체가 풋살 대회만을 위해 맞추어진 때였다고 보아도 과장이 아니다.

풋살 토너먼트는 지역별로 대표를 선발 후, 전국 대회에 올라가는 방식으로 진행됐다. 전국 대회에서 우승한 팀은 브라질이나 바르셀로나, 맨체스터와 같은 도시로 보내 주었다. 서울시 대표에 오르는 것은 어려운 일이 아니었지만, 아쉽게도 우승 트로피를 거머쥔 것은 단 한 번도 없었다. 16살에 준우승을 한 것이 최대 기록이었다.

우승까지 이르지는 못했지만 얻은 것은 가늠할 수 없이 많았다. 우선 첫 번째로는 전국적으로 많은 친구들을 사귈 수 있는 기회가 되었다. 사실 대학에 진학하기 전에는 살고 있는 지역 밖에서 새로운 사람을 만나기가 쉽지 않다. 그러나 나는 고등학교 1학년 때부터 전국 단위로 풋살 경기를 이어 왔기 때문에 일찍부터 넓은 인맥을 가질 수 있게 되었다. 풋살이라는 관심사 하나로 뭉친 이들이기 때문에 지금까지도 그때 만났던 친구들은 소중한 나의 인적 자원이 되었다. 그때 만난 친구들 중에 현재 코치로 일하는 사람도 있다. 현업으로 생활 체육 관련된 일이나 풋살을 하는 사람들은 대부분 풋살 대회 출신인 경우가 많았다.

풋살 대회에서 얻은 성취감과 풋살을 하는 즐거움, 이 과정에서 만난 많은 친구들까지. 풋살 대회의 경험은 엘리트 축구와 달리 내게 긍정적인 영향을 미쳤다. 축구 선수에 대한 꿈이나 축구, 풋살과 관련된 일을 계속 이어 가고 싶다는 꿈도 모두 이 시절 풋살 경기 덕분이다.

풋살 경기는 주말마다 진행되었고, 서울뿐 아니라 대구, 대전, 부산, 광주와 같이 전국 대도시에서 진행되었기 때문에 평일엔 아르바이트, 주말에는 전국 순회를 하는 일정이었다. 돌아보면 오직 열정만이 그리도 무리한 일정을 소화하게 했던 것이다. 엘리트 축구를 계속 이어 갔다면 상상도 할 수 없는 즐거움이었다.

학교가 끝나면 밤까지 아르바이트, 12시 가까운 시간에 집으로 돌아오면 취침, 아침에 일찍 일어나 풋살 연습을 하고 수업을 듣는 일정이 반복되었다. 밤을 꼬박 새워 가며 기차를 타고, 경기장에 줄을 섰기 때문에 사실상 잠을 자거나 쉬는 시간은 거의 없었다. 낮에는 밭을 갈고 밤에 공부를 한다는 뜻의 주경야독(晝耕夜讀), 그러나 나의 풋살에 대한 열정은 그 이상이었다.

어른이 된 지금, 종종 그때를 다시 떠올리곤 한다. 다시 돌아가도 그렇게 할 수 있을까? 그러한 생각을 하면 그 시절의 내가 기특해서 웃음이 지어진다. 그리고 나는 곧이어 대답을 떠올린다. 그렇다, 나는 그 시절로 다시 돌아간다고 해도 이전과 같이 풋살에 대한 열정을 불태우면서 살 것이다.

02

그럼에도 불구하고, 다시 축구

- 영국에서 다시 시작된 나의 꿈
- 내가 가는 곳이 곧 길이다 - 새로운 꿈을 향해
- 선수에서 지도자로 그리고 경영진으로

영국에서 다시 시작된 나의 꿈

그렇게 20살이 되었다. 필리핀으로 축구 유학을 갈 수 있는 기회가 생겼다. 부모님의 권유였다. 내심 축구 선수가 되고 싶었던 나는 드디어 기회가 온 것이라고 생각했고, 망설임 없이 바로 떠나게 되었다. 중학교와 고등학교 생활 동안 나는 아르바이트와 풋살을 가장 우선순위에 두고 시간을 보냈기에 대학 진학에 대한 자신감이 없던 것 또한 이유였다. 마침 진로에 대해 고민하는 시기에 받게 된 필리핀 대학 진학이라는 제안은 매력적이었다. 그렇게 나는 필리핀으로 향하게 됐다.

하지만 필리핀에 도착 후 내 앞에 펼쳐진 상황은 나의 기대와는 너무나 많은 것들이 달랐다. 우선 처음은 경제적인 부분이었다. 당초에 소개받기로는 금액적인 부담도 크지 않은 것으로 들었지만, 필리핀

유학 이후 매달 집에서는 100만 원 이상의 지출이 필요한 상황이었다. 이에 부모님은 물론 2살 터울의 형까지도 나의 유학비를 벌기 위해 애썼다.

영어도, 운동도 생각한 것들과 달랐다. 처음에 유학을 중개해 준 업체에서 내게 말했던 것과 모든 것이 달랐다. 운동과 영어를 함께할 수 있을 것이라 생각했지만 할아버지 선생님이 내게 가르쳐 준 것은 ABC 알파벳이 전부였다.

돈은 돈대로 쓰고, 배우는 것도 없는 상황. 이대로 그냥 있을 수는 없었다. 그렇게 함께 필리핀으로 떠났던 이들 중 내가 가장 먼저 한국으로 돌아왔다.

이후에는 방향성을 잃고 편의점 야간 아르바이트와 고깃집 아르바이트, 헬스장 아르바이트 등 닥치는 대로 아르바이트를 하면서 돈을 모았다. 부모님과 형에게 진 빚을 갚고 싶은 마음에서였다. 귀국 3일 만에 편의점 야간 아르바이트를 구했으니 얼마나 절박했는지 설명이 될 것이다.

그 와중에도 축구에 대한 끈은 놓지 않아 훈련은 계속해 나갔지만, 아주 열심히 했던 것은 아니었다. 청소년기에 열정적으로 참여했던 나이키 풋살 대회도 이제 성인이 되어 더 이상 참가가 어려웠다. 부모님께 유학에서 실패하고 돌아온 자식의 모습이 실패자처럼 보일까

두려워 보여 주기식으로 훈련을 해 나갔던 것 같다. 그러던 중 진짜 기회를 만나게 되었다. 알고 지내던 형이 나이키에서 새로운 행사가 열릴 것이라고 알려 준 것이다.

전 세계 100명 안에 들었던 '나이키 더 찬스'

2010년, 글로벌 스포츠 브랜드 나이키에서는 전 세계 축구 유망주를 발굴하는 '더 찬스(The chance)'(일명 축구판 슈퍼스타K) 대회를 열었다. 이 대회는 아스널 FC의 아르센 벵거 감독과 함께 영국 런던에서 4박 5일 동안 합숙하며 동료 선수들과 경쟁하는 방식으로 진행되었다. 최종 선발되는 8인의 선수는 영국 프리미어 리그와 공동으로 운영하는 나이키 아카데미에서 축구 훈련 프로그램을 제공받을 수 있는 기회를 주는 것이 그 내용이었다.

전 세계 42개국에서 뽑힌 100명이 결선에 올라 런던에 갈 수 있는 기회를 주는 것이었는데, 한국에서 뽑힌 3인의 선수 중에 감사하게도 내가 1등으로 선발되었다. 처음 오디션 영상을 업로드할 때부터 영국에서 돌아오기까지 정말 많은 분들의 도움과 응원이 있었고 이 글을 빌려 다시 한번 감사했다는 말씀을 드리고 싶다. 그중에서도 특히 기억에 남는 인연이 있다. 그 당시에도, 처음 사업을 시작할 때도 많은 의지가 되었던 형이다. 나와 관련된 일이라면 언제나 물심양면 발 벗고 나서서 도움을 주는 형이다. 그 형이 아니었다면 나는 아마 영국으로 가는 것을 포기했을지도 모른다.

 우리나라 대표로 선발되어 영국으로 가는 것만 남은 상황에 내게 불행이 닥쳤다. 아버지가 교통사고를 당하신 것이다. 큰 부상을 입으셔서 중환자실에 입원해 계셔야 하는 상황이었다. 어머니와 형은 모두 일을 해야 하기 때문에 아버지를 돌볼 사람은 오직 나뿐이었다. 영국에서 진행될 대회를 대비하기 위해 많은 훈련을 해야 하는 시기였지만 나는 아버지 곁을 지켜야 했기 때문에 운동에 전념하지 못했다. 한편으로는 막상 결선을 앞두고 나니 자신감이 급격하게 떨어지기도 했다. '나는 하고 싶은 것을 다하며 살아왔는데, 축구만을 평생 하고 살아온 사람들을 이길 수 있을까? 전 세계에서 모인 사람들 중에 내가 뽑힐 수 있는 가능성이 얼마나 될까?'와 같은 생각이 들었던 것이다. 그래서 나이키 더 찬스를 소개해 주었던 형에게 영국으로 가는 것을 포기하겠다고 말했다.

 그 형은 어떻게든 도와줄 테니 포기하지 말라고 하며 집 앞까지 찾아와서 나를 설득했다. 나는 형의 설득에 마음이 움직였고, 다행히 기억까지 잃을 정도로 상태가 안 좋았던 아버지도 점차 호전되시기 시작했다. 결국 나는 런던행 비행기에 몸을 싣긴 하였지만 몸을 완벽하게 경기에 맞추지 못한 상태로 출발하게 된 것이다.

당시 나이키 더 찬스 최종 100인

더 찬스 명단 내의
당시 모습

　대회 기간 동안 나이키로부터 트레이너, 비행기표, 호텔, 운동화 등 훈련과 대회에 필요한 모든 지원을 받았다. 전 세계에서 선발되어 온 사람들이 모두 영국으로 모였다. 총 4그룹으로 나누어서 일주일간 합숙을 했고, 이 과정에서 최종 선발 또한 이루어졌다. 전담 트레이너, PT는 물론 나이키 제품 지원까지. 훈련에만 집중할 수 있도록 많은 지원이 쏟아졌다. 나는 이 기간 동안 현직 축구 선수들과 식사를 하고, 히딩크 감독이나 벵거 감독 앞에서 실력을 선보일 기회를 얻었으며 많은 칭찬도 받았다.

오로지 축구에만 집중할 수 있는 최고의 시설, 코치들과 함께하니 운동을 계속할 걸, 하는 아쉬움이 들었다. 뒤늦은 후회였지만 돌이킬 수 없는 것이었다. 완전히 프로 선수의 스케줄에 맞추어 생활하는 날들이었고, 그제야 이것이 축구 선수의 삶이구나 완전히 이해하며 뒤늦은 후회를 하게 됐다. 여러모로 준비도 미비했고, 마음가짐도 갖춰지  지 않은 상태였다. 이러한 상황 때문에 아쉽게도 나는 최종적으로 8인에는 선발되지 못했다.

내가 가는 곳이 곧 길이다 - 새로운 꿈을 향해

새로운 꿈의 시작

한국으로 돌아온 나는 그렇게 선수의 꿈을 접게 되었다. 내가 선수를 꿈꾸는 과정들 속에서 행복했던 기억도 분명 있었지만 해소되지 않는 갈등도 많았다. 스스로 판단하기에 내 상황이 너무 닫혀 있고 선수가 되고자 하는 과정들 속에서 받은 상처들로 인해 일단 더 이상 프로 축구 선수를 꿈꾸는 것은 어렵겠다는 생각이 들었다. 생각을 정리하고 선수의 꿈을 접겠다는 결심이 선 이후에 학교 운동부, 클럽팀 축구 코치 자리 제안이 들어왔지만 모두 거절했다.

당시 새롭게 생긴 나의 꿈은 내가 오랫동안 살아왔던 지역에 기반을 둔 축구 클럽을 만드는 것이었다. 내가 축구를 배우던 시기에는 학교에서 축구부에 들어가야만 축구를 전문적으로 할 수 있었다. 이로 인해 전학을 다니면서 학교와 감독, 코치를 전전해야 하고 축구로 유명한 학교로 가기 위해 이사를 가는 경우도 무척 잦았다. 이러한 경험을 하는 동료들을 많이 봐 왔던 터라 이런 번거로움 없이 학교를 전전하지 않고도 축구를 배울 수 있었으면 좋겠다는 생각에 축구 클럽 창단을 결심했던 것이었다.

나이키 대회 이후 축구 클럽 창단을 고민하던 중 친하게 지내던 형이 앞으로의 진로를 물었다. 내가 더 찬스 도중 포기 의사를 비치자 집 앞으로 찾아와 나를 설득했던 바로 그 형이다. 나는 축구 교실을 열고 싶다고 말했지만 그 형은 처음엔 반대의 의견을 내비쳤다. 그러나 나는 자기주장이 강한 성격이라 조언을 듣지 않고 혼자 클럽 창단을 준비했다. 형은 막상 내가 구체적으로 준비를 시작하니 여러모로 지원을 많이 해 주었다. 특히 내가 어려워했던 행정적인 부분에 대해 많은 것을 알려 주셨고, 난관에 부딪혀 마음이 흔들릴 때마다 나를 다잡아 주었다.

축구 클럽 창단 준비 과정에서도 생계유지를 위해 단기 아르바이트, 단기 코치 아르바이트 등을 이어 갔다. 평생 코치를 하며 살아가는 선배들을 보며 왜인지 나는 코치라는 일에만 갇혀 있고 싶지 않다는 생각을 했다. 이 때문에 코치 선생님 등의 일을 하더라도 단기로만 일하는 방식으로 돈을 벌어 갔다.

클럽 창단을 준비하면서 친구들의 도움도 많이 받았다. 내가 중학교 1학년 때 축구부를 그만두었기 때문에 생긴 장점이 하나 있는데, 바로 다양한 분야의 친구들을 가지고 있는 것이다. 보통 운동부 생활을 하다 보면 같은 운동부원 친구들과 어울리게 되어 다른 친구들과는 가까워질 기회가 잘 없는데, 나는 운동부를 중간에 그만두었기 때문에 여러 분야의 친구들과 두루 친하게 지낼 수 있었다. 덕분에 영문과 친구가 해외 경기에 나갈 때에는 문서 작업을 도와주기도 했고, 사진을 전공한 친구가 나의 모습을 담아 홍보물을 제작해 주기도 했다.

당시 나이키 더 찬스를 알려 주고, 나를 독려해 주었던 형의 도움도 잊을 수 없다. 힘들었던 시기에도 가장 먼저 그 형이 생각났고, 가장 먼저 연락을 했던 것 또한 그 형이었다. 그 형은 지금까지도 나에게 조언을 아끼지 않아서 학점 은행제로 석사와 박사 과정에 진학하는 데에도 도움을 주었다. 성동FC의 홍보 포스터, 로고 제작에도 도움을 주었다. 형은 스포츠 마케팅 팀에서 근무하고 있었기 때문에 클럽을 창단하는 다른 사례들을 수없이 봐 왔다. 이 일이 얼마나 호락호락하지 않은지 누구보다도 잘 알고 있었기에 형 또한 당시에 클럽 창단을 반대했다. 그러나 그 역시도 막상 창단 준비에선 누구보다 많은 도움을 주었다. 클럽의 멘토이자 나의 인생 멘토와도 같은 존재이다.

축구 교실을 하면서는 학생들이 내가 축구하며 느꼈던 여러 압박들을 느끼지 않았으면 했다. 그저 자유롭게 즐기는 운동을 하게 해 주고 싶었다. 훈련 그 자체가 주는 건강한 압박을 이야기하는 것이 아니라 엄격했던 선후배 관계나 규율, 악습 등으로부터 자유롭게 오로지 축구만을 즐길 수 있는 환경을 만들어 주고 싶었다. 그 당시 젊고 넘치는 패기로 내가 겪어 온 옳지 못하다고 생각했던 부분들을 바로잡고 싶었다.

선수에서 지도자로 그리고 경영진으로

 당신의 22살은 어떤 모습이었는가? 고등학교를 졸업하고 바로 취업 전선에 뛰어드는 경우를 포함하더라도, 22살은 사회생활과 인생 경험이 압도적으로 부족하기 때문에 창업을 처음 시작하는 나이로서는 많이 어리다고 볼 수 있다.

 가게를 임대하고, 계약하고, 학생들을 모집하는 것은 물론 학부모 관리까지. 22살이 처음 경험하기에는 모든 것이 예상보다 버거웠고, 언제나 갑작스러웠다.

 그중에서도 내가 가장 어려움을 겪었던 것은 학부모들과의 소통이었다. 지금 자녀를 키우는 입장에서 생각해 보면 그 당시의 나는 너무나도 어렸고 학부모의 시각을 이해할 수 없는 것이 당연한 나이였다.

가볍게 취미반으로 클럽에 등록하는 것이라고 해도 부모의 입장에서 보면 소중한 내 자녀가 신체 활동을 하기에 적합한 시설인지, 내 자녀의 성장 과정에 영향을 줄 수 있는 강사의 자질은 어떠한지 등등 부모의 눈으로 꼼꼼하게 따져 볼 것들이 한두 개가 아닐 것이다. 취미반만 하더라도 고려해 볼 사항이 이렇게나 많은데 프로 선수가 되기를 희망하는 선수반 학부모의 입장은 어떻겠는가? 겨우 22살의 어린 감독과 지하 축구장에 우리 아이의 미래를 맡길 수 있을까?

단순히 축구를 향한 내 열정만으로 모든 게 해결될 것이라 믿었던 것은 아니었으나, 학부모의 입장에서는 열정만 가득한 22살의 어린 감독이 미덥지 못할 수밖에 없는 건 당연했을 것 같다. 그럼에도 불구하고 정말 감사하게도 나를 믿고 자녀를 맡겨 준 학부모가 계셨다.

창단을 준비하며 일자리를 찾고자 초등학교 전학 가기 이전의 담임 선생님을 찾아뵌 적이 있었다. 상황이 이러저러하다고 말씀드리니 방과 후 수업에 나를 소개해 주셨다. 대부분 방과 후 축구 수업을 진행하는 선생님은 연세가 많은 선생님이 대부분이었기에 젊은 나를 아이들이 무척 반겼다. 수업을 듣는 학생들이 늘어난 것도 당연한 수순이었다. 창업 이후에 처음으로 나를 찾은 학생들도 방과 후 수업에서 만난 학생들이었다.

몸을 단련하는 것에는 익숙했지만 말로 생각을 전하고, 소통하는 것이 무척 어려웠던지라 전화 상담이 접수되면 멘트를 미리 적어서

대본처럼 읽으며 응대할 정도로 학부모 응대에 무척 긴장하던 때였다. 그러나 유소년 학생들이 주요 고객이었기에 나는 이를 피하기보다는 정면으로 맞서기로 했다. 그 결과 지금은 구 의원이 되어 수백 명 앞에서 의견을 말하는 것에도 두려움이 없다.

매 순간 부족한 점을 더 좋은 방향으로 발전시키고, 실패하지 않으려 노력했음에도 불구하고 학부모님들의 입장에서는 어린 자녀들을 맡기려다 보니 유소년 축구 클럽이 아닌 학교 축구팀을 가야 한다고 생각하는 분들이 많았다. 아무리 오랜 기간 믿음을 드리려 하고, 좋은 관계를 쌓은 것은 물론 학생의 실력이 많이 향상되었어도 이런 생각을 바꾸지 않는 분들이 많아서 보이지 않는 벽에 부딪히는 기분마저 들었다. 섭섭하고 상처받는 기분이 드는 것 또한 큰 문제였다. 한 명 한 명의 학생이 모두 소중하기 때문에 매번 감정적으로 대처했던 것 또한 지금 와서 돌아보면 후회되는 일 중에 하나다. 사업 초기에는 많이 어리기도 했고 위기에 대처하는 방법도 몰랐기에 정들었던 학생들이 떠날 때, 학부모와 의견 충돌이 있을 때마다 매번 상처를 받곤 했다. 결국 남을 학생은 남고, 떠난 학생 또한 인연이 닿으면 인연이 이어진다. 내 자리에서 내가 할 일을 하며 최선을 다하면 된다는 사실을 알게 된 것은 나중의 일이었다.

정들었던 학생들이 떠나갈 때마다 한 명이라도 남아 있는 학생들을 위해 최선을 다해야겠다는 생각으로 마음을 다잡았다. 나를 바라보며 믿어 주는 학생들, 학교 축구팀에 들어가기 위해 아이의 전학을 강행하며 떠나가는 학부모도 있었지만 나를 믿어 주고 함께하고자 하는 학부모들도 많았다. 내 옆에 남아 있는 학생들에게 집중하기로 하면서부터 마음가짐에 많은 변화가 있었다.

 함께 일하는 직원들과 강사들에게 의지할 수 있게 된 것 또한 크게 도움이 되었던 부분 중 하나였다. 이왕 시작한 거 끝이 어디가 될지는 모르겠지만 끝이 날 때까지 계속해 보자는 마음가짐. 끝날 때까지는 끝난 게 아니다. 이 말을 계속해서 되뇌었다.

 지금 생각해 보면 결국 나를 무너뜨린 것도, 또다시 일으킨 것 또한 모두 학생과 직원들이었다. 그 과정들 속에서 내가 깨달은 것은 모든 순간 내가 할 수 있는 최선을 다하며 나 자신을 속이면 안 된다는 것. 그러다 보면 내 주변에 내가 필요로 하는 것들은 모두 남아 있을 것이라는 교훈이었다.

03

어디에서도 말한 적 없는 성동FC 이야기

- 지금의 성동FC가 만들어지기까지
- 축구 클럽 경영 10계명
- 회사의 가장 큰 자산, 가족 같은 직원들
- 창업을 준비하면서 유의할 팁
- 내가 정치에 나선 이유

지금의 성동FC가 만들어지기까지

나는 성동구에서 살아왔고, 축구는 내가 가장 잘할 수 있는 것이었다. 좋아하는 것과 내가 잘하는 것의 교집합이 축구 교실이었다. 그런 점에서 어찌 보면 축구 선수를 꿈꾸며 살아왔던 유년기의 나보다 지금의 내가 꿈에 더 가까워져 있는지도 모르겠다는 생각이 든다. 그리고 한편으로는 내가 더 잘할 수 있는 일을 뒤늦게라도 발견하여 다행이라는 생각도 든다. 내가 자라 온 이곳에서 내 꿈을 이어 갈 수 있는 수십, 수백, 수천 명의 아이들을 만날 수 있다는 것은 나 한 명이 뛰어난 축구 선수로 살아가는 것보다도 어떤 부분에서는 직접적으로 사회에 공헌할 수 있는 활동이자 나의 꿈이 보다 증식된 상태로 존재할 수 있는 것이기 때문이다.

2,000만 원으로 창업을 시작하다

평생의 꿈이자 업으로 삼아 왔던 축구를 그만두니 앞으로 무엇을 하고 살지 막막해졌다. 나는 그래서 20살과 21살에 아르바이트를 시작했다. 고깃집부터 편의점까지… 업종은 다양했다. 꿈을 이루려면 돈이 있어야 된다고 생각했다. 다시 되돌아 생각해 보면 독하게 일하고, 몸이 부서져라 움직였다. 그리고 집에 오면 쓰러지듯 잠이 들고 알람이 울리면 다시 일어나서 아르바이트를 하러 가는 나날의 반복이었다.

그렇게 아르바이트생으로 2년간 일하며 2,000만 원을 모았다. 크다면 크고 작다면 작은 금액이다. 부모님의 도움을 받아서 쉽게 창업을 시작하는 경우도 있고, 최근에는 나라의 지원을 받아서 스타트업을 시작하는 청년들도 많다. 그러나 당시 나에게 2,000만 원은 나의 꿈을 실현해 줄 수 있는 내 전부였다. 세 달 정도 버틸 수 있는 임대료, 인테리어 비용 등으로는 지금 생각해 보면 많이 부족한 금액이었지만 나는 그렇게 2,000만 원으로 시작해서 현재 6개의 클럽까지 확장해 냈다.

물론 나는 축구 선수가 되는 것이 꿈이었다. 그러나 나는 유명한 축구 선수가 아니었고, 축구 선수 생활을 결국 포기하게 되었지만 이에 좌절하지 않았다. 그 덕분에 나는 축구로 인해서 많은 것을 이미 이룰 수 있게 됐다. 내가 이루지 못했던 꿈을 아이들을 교육하며 아이들을 통해 꿈을 이루고 싶은 욕심도 있다. 결국 나의 꿈이 한 명의 아이에게라도 전해지면 그건 곧 나의 꿈이 이루어진 것과 같다고 할 수 있다.

나는 이름이 알려진 축구 선수가 되지는 않았지만, 축구에 관심 있는 누구라도 들으면 아는 이름난 축구 클럽을 운영하고 있고, 전국 다섯 손가락 안에 드는 축구 클럽을 만들었다.

나는 축구 교실과 아이들을 통해서 고용필이라는 나의 이름을 알리는 동시에 지역 사회에도 기여할 수 있었다. 아이들을 가르치다 보니 스포츠 교육이 엘리트 교육 외에는 우리나라에서 큰 중요성을 갖지 못하고 있음에 대한 안타까움도 느끼게 됐다. 실제로 정치인이나 교육 과정에 관여하는 주요 관계자 중에 스포츠 관계자가 없다는 사실을 깨닫기에 이르자 우리 지역구에, 서울에, 우리나라에 스포츠 전문가로서 의견을 내고 싶다는 욕심이 생기게 됐다.

나는 그리하여 20살에 나이키 더 찬스에 선발되어 신나하던 때에는 상상도 못하던 구 의원이 되어 스포츠나 교육에 대한 내용을 조언하고 의견을 내고 있다. 축구 교실을 열고 싶은 사람들에게 내가 해 온 경험을 나누고 더 나은 방향으로 시행착오를 덜 겪으며 운영할 수 있도록 돕고 있다.

어린 시절의 내가 생각해 본 적도 없고, 미리 계획한 적 없는 방향일지언정 나는 이 모두가 내가 좋아하는 축구 그리고 내가 살아온 곳

성동구로 인해 새로운 방향성이 생겼고 나 자신도 놀라울 만큼 새로운 일들에 도전해 보고 있다. 결국은 내가 좋아하는 것들이 나를 지금까지 이끌어 온 것이다. 그리고 앞으로도 나를 이끌어 갈 것임은 너무도 분명하다.

창업, 그 역경과 고난에 대하여 "쉬운 길은 없다"

처음부터 잘 풀리는 쉬운 일은 없다. 수많은 시행착오와 어려움들과 그럼에도 불구하고 부딪힐 때마다 내가 가장 중요하게 생각했던 것은 진실 그리고 진심이었다.

창업 당시 성동 FC의 외관

창업 당시 성동FC의 실내

  모든 사람이 그렇듯 나 또한 사업을 처음 시작할 때는 고객이 많을 것이라 생각했다. 22살 생일에 문을 연 실내 구장은 오로지 혼자 감당해야 하는 일들 투성이었다. 경차로 차량 운행을 하며 4명씩 아이들을 픽업하곤 했다.

  앞서 말했듯 부모님을 상대하는 것이 어려웠지만 아이들끼리 경쟁하는 것 또한 컨트롤하기 어려운 부분이었다. 뿐만 아니라 미처 생각하지 못했던 리스크들도 있었다. 바로 안전 문제가 그것이다. 처음에는 그물로만 둘러 두었던 벽에 아이들이 운동하다 부딪혀서 다치는 일도 있었다. 스포츠 교육과 관련된 일에서 가장 중요한 건 안전이니만큼 다시 생각해 봐도 아찔한 사고였다.

  비용 절감을 위해 전기 설비도 간단한 것들은 직접 맡아서 했고, 전문가가 아니다 보니 미비한 부분들도 당연히 있었다. 때문에 감전이 되기도 하고, 첫 시작은 상가의 지하였기 때문에 비가 많이 오는 여름날이면 물이 차기도 했다. 화재 사고가 나기도 했다. 환풍기에서 난 불이 전선을 타고 내려와 옮겨붙는 것을 실시간으로 발견한 순간의 충격이 지금도 잊히지 않는다. 잔디 한 면이 다 타기도 했지만 화재가 막 시작되던 순간에 내가 발견하지 못했다면 더욱 큰 사고로 이어졌을 것은 당연하다.

어려운 상황에 부딪힐 때마다 내가 이걸 왜 하려고 했을까? 하는 후회가 밀려오곤 했다. 그러나 나는 언제나 마음을 다잡았다. 누군가의 밑에서 직원으로 일하는 것보다 많은 돈을 벌고 싶었고, 나만의 것을 만들고 싶다는 욕심이 있었기 때문이었다.

임대료 감당 또한 어려웠기 때문에 그만두고 싶다는 생각을 수도 없이 했던 것 같다. 당시 성동구 성수동 학생들은 금전적으로 어려운 취약 계층의 학생들이 많았다. 무료로 수업을 진행하는 학생들도 있었고, 일주일 내내 수업을 해도 당시 교육비가 5만 원밖에 되지 않던 때도 있었다. 당장 생활비를 걱정하는 힘든 상황의 연속이었지만, 좋은 지도자가 되고 싶다는 열정 하나로 버티던 힘든 시절이었다. 이때의 나를 지금까지 이끈 것은 진심이 아니었을까 생각한다. 이 시절 나와 함께했던 당시의 학생들은 나의 진심을 아는지, 오랜 기간 인연을 이어 와 지금도 나를 종종 찾아오곤 한다.

나는 축구 명문 학교에 돈을 내고 축구를 할 수 없는 아이들, 형편이 좋지 않은 아이들, 놀거리가 마땅치 않았던 성동구의 아이들에게 마음껏 유희를 제공할 수 있는 공간을 만들고 싶었던 것이다. 나는 선생님이자 아이들의 놀이 친구였다. 나는 그저 그 친구들과 노는 시간이 즐거웠다. 당연히 수익이 나지 않는 나의 사업에 대한 우려들도 있었고, '학생을 너무 믿지 말아라'라는 조언도 많았다. 그러나 나는 학생들에 대한 믿음이 있었다.

어려운 학생들에게 교육비를 받지 않았고, 그럼에도 다른 축구장과 차별화되기 위해 아이들을 후원해 줄 수 있는 방법도 직접 발로 찾아 헤맸다. 지역아동복지관, 취약 계층 지원 수업 봉사와 같은 지역 사회의 도움을 최대한 아이들에게 연결해 주기 위해 많은 노력을 했다. 부모님들 또한 나의 이러한 진심을 알아봐 주셨다.

사정이 그렇다 보니 아이들도 학부모도 나는 축구 교실의 선생님 그 이상의 존재가 되었다. 그러다 보니 점점 학부모님들도 학생의 생활 지도까지 의지하는 상황이 왔다. 심지어는 아침밥을 먹었는지 내가 직접 확인을 하고, 새벽 운동을 같이하고, 수업 숙제를 했는지까지 체크했다. 부모님 입장에서는 의지가 많이 될 수밖에 없었겠지만 결과적으로는 아이들과 좋지 않은 관계로 이어졌다. 그도 그럴 것이 아이들은 한창 예민한 사춘기를 지나고 있었다. 만나면 매번 '혼내는' 존재가 되자 아이들은 서서히 나를 피하기 시작했다.

그러나 그럼에도 나의 진심을 믿어 주는 학생과 학부모 덕분에 나는 지금까지 올 수 있었다. 초등학생 반에서 시작했던 클럽은 아이들이 중학교, 고등학교에 진학함에 따라 그 아이들을 위해 새롭게 반을 만들었다. 체육 입시 학원에서 일하던 형의 도움까지 더해져 이 과정은 제법 수월했다. 이후 성인 풋살 프로팀까지 이어질 정도이니 서로의 삶에 학생과 내가 얼마나 큰 영향을 주고받았는지 짐작이 가능하다.

말 그대로 성동FC는 '아이들과 함께 성장'한 곳 그 자체인 것이다. 아이들이 나를 키우고, 내가 아이들을 길러 냈다.

5명에서 시작한 클럽이 6호점을 내기까지

1호점은 지하에서 시작되었는데, 마침 부동산을 운영하시던 학부모분께서 클럽을 운영하기에 좋은 자리가 나서 추천해 주셨다. 수업을 잘한다는 소문이 지역 사회를 중심으로 나기 시작했지만, 지하에 위치했기 때문에 수강을 망설이던 학부모도 꽤 있었던 상황이었다. 환기 등의 문제에서 아무래도 자유로울 수 없기 때문이다.

첫 이전은 학부모분이 추천해 주신 곳으로 이루어졌지만, 2층이 교회였다는 점은 고려하지 못했던 부분이었다. 정숙한 분위기가 필요한 교회와 달리 우리 클럽은 항상 아이들이 뛰어다녔기 때문에 갈등이 잦았다. 이후 교회가 이사를 갔고, 2층도 인수하며 문제는 해결되었다.

그 이후 성수점은 아이들과 부모님들의 꾸준한 관심에 더 이상 신규 회원을 받을 수 없을 정도로 소위 '대박'이 났다. 회원 문의는 계속해서 이어졌고, 먼 거리를 와야 하는 친구들을 위해 성동FC의 지점화를 실행할 단계에 이르렀다는 판단이 들었다. 성수동과 가깝고 주변에는 학교와 아이들이 올 수 있는 아파트가 많은 위치를 알아보기 위해 직접 부동산으로 출퇴근하며 발품을 팔았다. 그중 가장 적합한 위치에 현재 2호점을 열게 되었다. 정확한 입지 선정으로 인근 2호점은 열자마자 폭발적인 인기로 한 달 만에 모든 수업이 꽉 찰 정도로 큰 성공을 거두었다. 2호점의 성공을 바탕으로 확장세를 이어 가며, 인근 다른 지역에도 키즈 카페가 있던 자리에 3호점을 냈다. 공격적인 확장을 하기 시작했지만, 자영업자들에게는 재앙과도 같던 코로나가 찾아왔다. 아무도 예상하지 못했던 일이었다. 코로나가 찾아와 영업이 어려워진 상황에서 3호점 공사를 동시에 진행해야 했다. 그 시간은 내가 경영을 하며 가장 힘든 시기로 손에 꼽을 수 있다. 이 힘든 시기를 고마운 직원들과 같이 이겨 냈고, 현재도 각자의 자리에서 훌륭하게 역할을 해 주고 있다. 이 자리를 빌려 다시 한번 감사하다고 전하고 싶다.

나도 지점을 내고, 사업을 확장하면서 망설이거나 두려움이 없었는가 하면 그건 사실이 아니다. 그러나 나는 확신이 있었기에 적극적인 의지로 밀어붙였다. 지역별로 아이들을 나누어 통학 시간을 줄이고 싶었기 때문이다. 누가 먼저 통학 버스에 타고 내리느냐는 학부모 사이에서도 예민한 문제였기 때문에 지점 확장은 이러한 갈등을 해소할 수 있는 묘책이기도 했다.

그러던 중 제주도 국제 학교 쪽에서 다른 체육 시설을 운영하는 분에게 수요를 확인할 기회가 생겼다. 발품을 팔기 전 지인에게 들었던 정보는 매력적이었다. 국제 학교로 굉장히 높은 교육 수준과 안정적인 여건을 갖추고 있어, 제주도라는 특수한 지역이지만 수익을 충분히 낼 수 있을 것이었다. 눈으로 직접 확인해 보기 위해 제주도에 수십 번 내려갔고, 수업을 하기로 확정지었다. 그렇게 1년 9개월여 수업을 진행했다. 안정적인 수익을 얻었으나, 서울에서 오가며 수업을 진행해야 했기에 직원들의 어려움이 커져만 갔다. 매출은 만족스러웠지만 직원들의 근무 환경 개선을 위해, 친구이자 믿을 수 있는 사업 파트너에게 가맹하는 방식으로 경영 방식을 전환했다.

이후 제주지점을 대처할 지역을 서울 인근에서 찾아보게 되었고, 신혼부부와 초등학생이 많이 있는 다산 신도시에 추가로 지점을 오픈하였다. 나는 내 눈으로 직접 보고, 확인하며 확신이 들 때에는 과감하게 투자를 하는 편이다. 나는 시간이 날 때마다 다산에 방문해서 매물이나 지리 요건을 살펴보고, 인근 초등학교부터 주변 아파트들까지 유동 인구 등을 확인했다. 이러한 과정 끝에 최근 내가 생각하는 최적의 자리에 최근 새로이 지점을 열게 되었다. 이렇게 지점들이 하나둘 늘어났고, 그러다 보니 축구 교실로서는 놀라운 수익을 내게 되었다.

이러한 성취는 믿을 수 있는 직원들이 있기에 가능한 것이었다. 직접 개입하지 않아도 자기 일처럼 수업에 힘써 주는 직원들이 현재의 성동FC를 만들어 주었다.

진실된 운영이 이끌어 낸 성장 "전국 대표 유소년 클럽"

종종 사업적으로 성공한 나를 바라보는 곱지 않은 시선이 느껴질 때가 많다. 원래 집이 이른바 '금수저'라서 많은 지원을 받고 창업해, 탄탄한 길만 걸어왔을 것이라는 오해이다. 하지만 당시 나에게는 아르바이트로 번 2,000만 원이 전부였던 청년일 뿐이었다. 지금 돌아보면 당시의 나에게 격려를 해 주고 싶은 마음도, 전하고 싶은 충고도 무척 많다. 그때로 다시 돌아간다고 해도 당시의 시행착오를 겪지 않으리란 보장은 없다. 오히려 다양한 실패와 그럼에도 나의 곁에 남아준 이들 덕에 지금의 내가 존재함이 감사하다.

나는 언제나 학생과 학부모에게 진실된 마음으로, 내 아이를 보낸다면 걱정할 만한 부분들을 세심하게 신경 써 왔다. 통학부터 시설물 관리, 수업은 물론 수업 이후 피드백까지. 소통 방식이 처음부터 뛰어났던 것은 아니라 오해가 한 번도 없었다고 한다면 거짓이겠지만 언제나 마음을 전하려 애써 왔다.

돌아보면 다양한 사업 노하우들로 지금의 성동FC를 만들어 냈지만, 사실 그보다도 핵심적인 부분은 매 순간 내가 다했던 진심에 있다고 생각한다. 진심 어린 마음이 학부모를 움직였고, 아이들로 하여금 축구장으로 발걸음을 이끌었다. 일종의 교육업이며 또 지역 사업이기에 진심을 통해 얻어지는 신뢰는 그 무엇보다도 값지다. 비용을 사용한 마케팅보다도 자연스러운 바이럴 마케팅이 때로는 더 큰 효과를 창출해 낼 수 있듯이.

　5명의 학생으로 시작했던 축구 클럽은 이제 전국에서 손꼽히는 이름을 가지게 되었다. 성동구 내에서만 수 개의 축구 교실이 운영 중이며, 타 지역으로도 확장 중이다. 2,000만 원의 자본금이 지금은 억대 매출을 만들어 내는 제법 큰 사업이 되었다. 나는 나의 성과를 뽐내는 타입의 사람은 아니다. 그저 나와 함께 길을 만들어 준 많은 사람들에게 감사하고, 진실되게 대하려 노력할 뿐이다.

축구 클럽 경영 10계명

꿈에 부풀어 사업을 시작하면 설레는 마음도 앞서겠지만, 현실적으로 고려해야 할 다양한 행정 절차와 법적인 문제들에 부딪힌다. 나 또한 운동만 하던 사람이라 창업을 처음 시작하면서는 이러한 부분에서 크게 어려움을 겪고 혼란스러웠다. 나의 후배나 후발 주자가 이 사업을 시작할 때 챙겨 두면 좋을 만한 사업을 준비하는 과정에서 반드시 유념해야 하는 조언들을 정리해 봤다.

1) 창업 비용은 너무 많이 쓰지 말 것

과거의 나를 생각해도, 창업을 위해 상담 오는 운동선수들만 봐도 일반화하기 어렵지만 운동선수들은 멋있는 축구 클럽을 만들고 싶어

하는 경향이 있다. 하지만 최상의 시설, 최상의 재료, 인테리어부터 자재까지 고르다 보면 끝도 없다. 생각보다 골라야 할 것도 고려해야 할 것도 많기 때문에 한 업체에게 맡기고 손을 놓는 경우가 많다. 물론 한 업체에게 인테리어부터 시설까지 모두 맡기면 편한 것은 사실이다. 그러나 직접 발품을 팔았을 때와 금액 차이는 최대 두 배 이상 난다.

나는 두 발로 뛰며 발품을 팔았다. 당시에는 노하우가 있어서라기보다는 금액을 아낄 수 있는 방법을 열심히 찾아 헤맨 결과였다. 첫 축구장의 벽 등은 내가 직접 페인트칠을 하기도 했다. 인테리어 업체에 처음부터 끝까지 공정을 맡기면 5~8,000만 원 정도의 견적을 받는다. 하지만 잔디, 매트, 골조, 그물 다 따로 발품을 팔아서 직접 채택하니 2~3,000만 원 정도 저렴하게 할 수 있었다. 실내 축구장 전용 업체가 있는 것이 아니라, 그 업체 또한 다른 업체에 외주를 주거나 하청을 맡기는 시스템이기 때문에 중개 비용이나 인건비가 추가적으로 붙는 것이다. 때문에 어려울지언정 업체는 각각 하나씩 떼어서 발품을 파는 것이 소자본 창업의 노하우다.

나는 당시 2층에 입주를 하려고 준비 중이었다. 마침 같은 건물 3층도 공사 중이라 용접하는 분들에게 내가 필요한 부분을 직접 물어봤다. 돌아온 대답은 내가 업체를 통해서 알았던 금액의 반값에 해당했다. 2,000만 원 정도면 네다섯 달치의 월세와 맞먹는다. 이렇게 비용을 절감하고 시작하면 운영 측면에서도 훨씬 여유로워진다. 직접 뛰어서 본인이 겪어 봐야 아낄 수 있는 부분을 찾을 수 있다.

또한 모든 부분에 관여를 했기 때문에 운영에도 도움이 된다. 시설 수리가 필요할 때 어떤 업체에 어떻게 대응해야 하는지 머릿속으로 그려질 수 있다는 뜻이다. 대부분 창업을 시작하는 분들이 만들어진 곳에서 창업을 하려고 하니까 어려워지는 경우가 대부분이다. 또 다른 예로 축구장이 이사를 가거나, 새로이 창업할 때 철수하는 분들께서 매트는 뜯으면 못 쓴다고들 많이 말씀하신다. 그러나 나는 단호하게 떼어 달라고 말한다. 그러한 결정을 할 수 있는 것은 내가 직접 잔디를 깔아 봤기 때문이다. 떼어서 일부라도 다른 곳에 사용할 수 있다는 것을 알기 때문이다.

이렇게 노하우가 쌓이다 보면 공사를 마치는 데에 일주일만 주어져도 가능한 정도가 된다. 나는 지금 당장 새로운 지점을 내라고 한다면 3,000만 원으로도 창업을 할 수 있을 것 같다. 용접을 본인이 직접 할 수 있다면 더욱 단가는 저렴해진다. 잔디나 매트도 직접 설치할 수 있으면 비용 또한 절감된다. 농담 섞인 이야기처럼 하는 말이지만 이렇게 직접 공사에 하나하나 관여하게 되면 축구 교실 창업을 하다가 실제로 공사나 설비 쪽으로 사업 방향을 트는 분들도 많이 계실 정도이다. 그만큼 정보나 지식이 어느 정도 쌓이면 다른 사람의 도움을 받을 필요가 없는 것은 물론 소자본으로도 창업이 가능하다는 이야기다.

아래는 내가 대략적으로 책정해 본 소자본 창업의 지출 사례이다. 물론 상황과 평수에 따라 금액은 상이할 수 있으니, 각자의 상황에 맞게 창업 계획을 세워 보는 것을 추천한다.

철거 비용	2~300만 원
페인트	최대 3,000만 원
골조	
그물	
벽면 매트	
잔디	
간판	200만 원
차량 래핑	50~100만 원

2) 위치 선정은 한 번 더 생각해 보기

축구 클럽을 운영하면서 가장 중요한 걸 뽑으라고 한다면 나는 단연코 위치라고 이야기할 것이다. 그만큼 입지는 학원의 가장 중요한 부분이다. 훌륭한 강사진과 내부 시설을 아무리 좋게 만들어 두어도 입지나 교통 등이 좋지 않아, 눈에 띄지 않거나 찾아오기가 힘들게 된다면, 장기 고객으로 이어지기 어려울 것은 당연하다. 월세나 보증금이 비싼 곳은 당연히 위치나 시설이 좋을 수밖에 없다. 우리는 좋은 위치, 좋은 시설을 뽐내는 것이 목적이 아니기에 최소한의 금액으로 최대 효율을 낼 수 있도록 직접 여러 곳을 확인해 보아야 한다. 때문에 위치 선정만은 아무리 바빠도 내가 직접 현장을 보고, 체크해 가며 신중하게 결정을 내리는 이유이다. 사업을 처음 시작하는 사람들일수록 '바로 이곳이다!'라는 마음이 들면 뒤를 생각하지 못하고 계약하는 경우가 많다. 그러나 막상 공사가 들어가게 된다면 생각하지 못한 변수들을 마주치게 된다.

누수 등과 같은 건물 구조나 설비상의 문제가 첫 번째이고, 인테리어 등에 대해서도 자세히 알아보지 않은 채 비용을 투자하면 무조건 잘될 것이라고 생각한다.

하지만 이렇게 공부나 대비 없이 무작정 계약하는 것만은 피하라고 권하고 싶다.

3) 세금 신고는 아끼지 말아라

사업을 하며 가장 어려웠던 부분이 재무 관리 방법이다. 사실 조금 부끄럽지만 사업이 어느 정도 안정되고 아내와 결혼에 대해 이야기를 하면서도 매출이 얼마인지에 대해 파악하는 방법을 알지 못했다. 유동성이 큰 사업이라고 생각했기 때문이다. 하지만 매출 파악과 지출을 정확하게 파악하는 것은 사업 운영에 있어 매우 중요하며, 어려울지라도 미리 초기부터 습관을 들여 놓는 것이 좋다. 재무 계획을 세우는 데에도 이러한 스킬이 큰 도움이 되기 때문이다.

세무에 대한 지식은 필수적이고, 세무사의 도움을 받는 것도 좋다. 클럽을 운영하며 간이 사업자나 일반 사업자로 신고하여서 세금을 전혀 내지 않는 경우도 많다. 회비 또한 사업자 통장이 아닌 개인 통장으로 받기 때문에 세금 신고에 대하여 무지할 수 있다. 그러나 이는 엄연한 불법으로, 신고당할 경우 큰 세금이 지출되게 된다. 따라서 미리미리 세금 신고에 대해 알아 두고, 관리하는 것이 중요하다.

첫 번째로 해야 할 것은 통장 나누기이다. 입출금 내용을 명확하게 해야 세금 폭탄이 터지지 않는다. 개인 사업자를 기준으로 설명하자면 우선 통장을 입금 계좌와 출금 계좌로 나누어야 한다.

입금 계좌가 따로 나뉘면 회비를 어떤 식으로 납부받는지를 파악하기 쉽고, 교육비 받는 시기를 놓치는 경우 어떻게 해야 하는지 파악하기에 용이하다. 나의 경우에는 25일 교육 기간에 대한 안내를 한 후, 다음 달 5일까지 납부를 받는 방식으로 교육비를 관리하고 있다.

이렇게 입금 계좌에 들어온 돈은 바로 출금 계좌로 이체하여 지출을 관리한다. 특히 개인 사업자의 경우에는 통장 안에 들어온 돈은 모두 '내 돈'이라고 생각하여 생각 없이 지출하기 쉽다. 또한 당장 다음 달이 아닌 두세 달이나 1년 후에 지출될 금액에 대하여 간과하기 쉽다. 따라서 출금 전용 계좌로 지출을 확실하게 관리하는 것이 좋다. 1년에 한 번 잔디 교체를 해야 하는 등의 지출 내역을 정확하게 엑셀 파일로 관리하는 것을 추천한다.

  또한 정확한 매출을 알지 못하는 경우 대출을 받기 어려워진다. 사업을 하다 보면 여러 가지 이유로 은행의 대출이 필요하다. 따라서 통장 관리로 매입/매출을 정확히 잡는 것은 반드시 필요하다.

  나 또한 수입 지출을 정확하게 체크하다 보니 순수익을 확인하게 되었고, 이로 인해 여윳돈이 생기고 투자할 수 있는 돈이 생겼다. 또한 직원별로 실적을 확인하는 것 또한 용이해져 직원 관리에도 명확한 지침이 생길 수 있다.

  이렇게 입금 계좌와 출금 계좌로 통장을 분할하여 사용하게 되면 입금되는 회비 대비 지출액 계산도 용이해져 매출을 계산하고, 사업체를 운영하는 데 큰 도움이 된다. 또한 학생 수 관리에도 도움을 줄 수 있다. 물론 통장 쪼개기는 나의 노하우일 뿐, 각자에게 맞는 방법을 찾는 것이 좋다. 방법은 다양할지라도, 내가 말하고 싶은 것은 자금 관리를 할 방법을 반드시 생각해 둘 필요가 있다는 것이다.

  그렇다면 회비는 매달 받는 것이 좋을까? 혹은 연 단위로 받는 것이 좋을까? 스포츠 교습실을 운영하는 곳들 중에는 1년 치 교육비를 한 번에 받는 경우도 있다. 당장 목돈이 들어오고, 학생들 이탈이 적어질 것이라 생각해서 선택한 전략일 것이다. 나 또한 이를 시도해 본 적이 있다. 그러나 결과는? 추천하지 않는 쪽이다. 한 번에 회비를 받았기 때문에 아무래도 사람의 심리상 서비스도 덜 제공하게 되고, 들어온 돈도 한 번에 쓰게 되는 경우가 많았다. 절기 단위인 3개월로 받는 경우도 있을 수 있지만 나는 그래도 월 단위로 회비를 받는 것을 추천한다. 자기 돈의 최대치+임대료 두 달 치는 먼저 확보를 해 두는 것이 좋다.

4) 남들이 한 걸 다 따라 하지 마라

사업을 시작하는 사람 입장에서 시장 조사는 필수적이다.

물론 고객에 대한 리서치나 인사이트를 얻는 것도 중요하겠지만 경쟁자들을 분석하는 것 또한 필수적이다. 어떤 것이 유행이고, 어떻게 운영해야 성공적인 클럽을 만들 수 있을지에 대해 고민이 많을 것이다. 그러나 이 과정에서 많은 사람들이 실수하는 부분이 있다. 잘되는 클럽의 사례를 무작정 따라 하는 것이다.

축구 클럽이라는 한 가지 공통점 외에는 사실 지역부터 학생, 학부모까지 모든 것이 다른 것이 축구 클럽 운영이다. 따라서 클럽을 경영하며 지역 특성, 고객 특성에 맞게 하는 것이 중요하다.

5) 무엇보다 가장 중요한 것은 안전

안전 없이는 모든 것이 끝이라고 해도 과언이 아니다.

축구 클럽은 워낙 많은 아이들이 오가는 곳이다 보니, 사람 간의 문제로 발생하는 위험들이 많다. 아래 열 개는 가장 대표적으로 내가 직원 교육 시에 강조하는 부분이다. 또한 몸을 움직이는 일이기 때문에 각종 안전사고는 언제 어디서 갑자기 발생할지 알 수 없다. 프로 선수들조차도 타박상을 입거나 스스로 뛰다가 근육에 문제가 생기는 경우가 흔하다. 때문에 현장에서 가장 우선시되어야 할 가치는 안전이다. 따라서 늘 훈련을 구성할 때 안전사고를 대비하는 것이 필요하다.

안전사고 이후의 대처 역시 중요하다. 학부모 또한 다칠 수 있다는 점에 대해서는 미리 이해하고 있으나 초도 대처가 미흡할 경우 학원과의 신뢰 관계가 깨지기 때문에 사고 관리 이후의 대처가 매우 중요하다. 이에 시설물 책임 배상 보험을 가입하는 것을 추천한다. 또한 직원들에게 안전사고 대처 교육을 정기적으로 실시하는 것 또한 중요하다. 사고 발생 시에 훈련을 즉시 중단하고 응급 처치를 한 후, 학부모와 소통하며 상황을 보고하는 등의 매뉴얼을 만들어 놓는 것도 좋다. 또한 위험이 생길 수 있는 시설물은 정기적으로 점검하는 것이 좋다.

학생과 관련하여 직접적으로 부딪히는 일이 많다 보니 직원의 실수로 학부모님들로부터 컴플레인이 들어오는 경우도 잦다. 단순히 불만을 이야기하는 일이라면 사과 후에 조치를 하면 되겠지만 생각보다 일이 커져서 이로 인해 업장이 폐쇄되는 경우도 있다. 따라서 부모의 마음이나 학생의 성장 시기별 특징, 에티켓 등에 대해 직원에게 미리 교육을 해 두는 것 또한 중요하다.

6) 축구 교실도 서비스업이다

교육, 특히 사교육에 있어서 교육은 서비스업에 속한다. 구현하고자 하는 이상적인 축구 교실의 모습은 누구나의 마음속에 존재하겠지만, 결국은 학부모와 아이들이 만족하는 축구 교실을 만들어 가는 것이 중요하다.

사업에 있어 당장의 전략은 실패할 때도 있고 성공할 수도 있으며 많은 외부 요인들에 의해서 좌우되는 경우가 많지만, 일관된 태도는 부정적인 상황도 긍정적인 상황으로 전화위복 탈바꿈이 가능하다.

나는 언제나 낮은 자세로 일하려고 했다. 직원과 함께 가고 함께 성장한다는 마음으로 내가 가용할 수 있는 자본은 최대한 아꼈다.

아직 많은 것을 결정할 수 없는 학생에 비해 학부모는 자녀의 교육권을 전적으로 가진 주 고객이라고 할 수 있다. 학부모가 등록을 결심하고, 퇴관을 결심하는 데에는 나름의 이유가 있다. 그러나 나의 경험을 되돌아볼 때 등록과 퇴원을 결정짓는 가장 중요한 부분은 소통의 미비 여부이다.

물론 소통은 초기 상담도 포함된다. 그러나 상담은 등록으로 이어질 수는 있을지언정, 오랜 기간 학부모에게 신뢰를 쌓을 수 있는 방법은 아니다. 상담은 당연히 중요한 기본 덕목이되, 이후 서로 오해가 생기지 않도록 꾸준히 올바른 방법으로 소통을 이어 나가는 것이 더 중요하다고 볼 수 있다.

나는 학부모에게 최대한 성실하고 믿을 만한 사람으로 보이고자 노력했다. 학부모의 상담이 들어오는 시간은 아이의 등교 이후이다. 사실 축구 교실은 일반 사무직과 같이 근무 시간이 정해져 있는 것이 아니기에 굳이 아침 일찍 기상하지 않아도 된다. 대부분의 수업이 오후에 시작하기 때문이다. 그러나 혹시 올지 모르는 학부모의 상담 전화를 자다 막 깬 목소리로 받고 싶지 않았기 때문에 아침 일찍부터 일어나서 생활을 해 온 지 어언 13년이다.

특히 학생이 얼마나 만족스러운 수업을 받고 있는지, 또한 얼마나 성장했는지 알고 싶어 하는 것은 당연하다. 얼굴을 매번 맞대는 학생들과 달리 학부모는 아이의 입을 통해서만 교육의 내용을 전달받을 수밖에 없다. 나는 따라서 학부모의 만족을 위해 안내문을 주기적으로 작성하거나, 운동회 방식의 이벤트를 개최하는 등의 노력을 하고 있다.

7) 직원 관리는 사업 운영의 핵심이다

현재 운영 중인 6개점은 모두 직영점으로만 운영하고 있다. 나는 현재 실무에는 간섭하지 않고 운영만 관리하고 있지만, 직영점으로 운영이 되어야만 확실하게 관리가 되는 부분이 있기 때문이다.

나는 직원들의 직무 능력 향상을 언제나 독려하는 편인데, 그중에서도 독립심과 책임감을 언제나 길러 주려고 한다. 그래서 직원들은 언제나 농담처럼 듣지만 나는 진담으로 여기에서만 일하고 있을 것이 아니라 여러 회사들도 많이 다녀 보고 이직도 하면서 많이 움직이며 경험을 쌓는 것을 권장한다.

회의를 일주일에 한 번씩 하면서 수업 구성에는 일절 관여를 하지 않고, 자신이 맡은 수업과 학생은 자신들이 책임질 수 있도록 오히려 완전히 맡긴다. 이렇게 운영하면 불안하지 않느냐고 묻는 사람들도 있다. 그러나 직원을 신뢰하지 않는 태도는 직원에게도 고스란히 전해진다.

대표의 눈치만 보면서 대표의 구미에 맞는 일을 수동적으로 처리하는 직원에게 발전이 얼마나 있을까? 나는 스스로의 일에 책임감을 가지고 이를 움직일 줄 아는 직원이 자신의 힘으로 성장하기를 바라며, 그로 인해 학생들과 회사에도 도움이 되기를 바랄 뿐이다.

최근 교육계에서 가장 중요하게 여기는 것 중 하나가 교사당 학생 수에 대한 이슈이다. 알맞은 선생님을 알맞은 학생들의 수만큼 사용하는 것이 중요하다. 2023년 5월 현재 성동FC의 회원 수는 2,000명이고, 선생님은 20~23명이 근무하고 있다.

한 반을 수업할 때 두 명의 선생님이 수업에 배치되고, 서로 업무 분담을 하면서 동시에 빠지는 학생 없이 학생을 체크할 수 있도록 관리하고 있다. 몸을 사용하는 일이고, 가끔 운동이 격해지면 부상이 발생할 가능성을 언제나 염두에 두고 있어야 하기에 한 명의 선생님으로는 완전한 관리가 어려울 수 있기 때문이다. 주 교사와 보조 교사로 역할을 나누고 주 교사가 지도를 하는 동안에도 보조 교사가 모든 학생들을 케어할 수 있도록 돕는 것이다. 이 역할은 특정 강사에게 한정되어 있지 않다. 어떤 교실에서 주 교사로 일하던 교사가 어떤 클래스에서는 보조 교사로 일하는 식이다. 교사를 배정하는 방식은 학생의 나이나, 반의 규모 등에 따라 가변적으로 운영할 수 있다.

수업하는 선생님들이 직접 월간 커리큘럼을 짜고 나에게 보고하는 방식으로 운영하고 있다. 선생님들에게 믿고 맡긴다는 일념하에서 책임을 완전히 일임한 것이다.

또한 빼놓을 수 없는 중요한 부분은 급여이다. 클럽을 운영할 정도로 경력이 쌓인 이들은 코치 등으로 근무할 때 누구나 급여를 밀려 본 경험이 있을 것이다. 그 때문에 본인들이 코치일 때 급여를 못 받았다고 해서 직원들 돈을 대충 주는 경우도 있다. 그러나 이는 좋지 않은 방식이다. 급여는 모든 일의 시작이며 끝이다. 때문에 정확하고 제대로 급여를 지불해야 한다. 직원들도 본인의 가족이 있으며, 책임져야 할 생계가 있음을 잊지 말자.

 모든 것을 다 본인이 결정하려고 하는 것보다는 밑의 직원들도 믿으면서 가려고 해야 한다. 물론 일을 하다 보면 모든 수업에 경영자가 개입하는 것은 불가능하다. 그렇기 때문에 많은 클럽이나 사교육에서 코치가 학생을 빼돌리는 경우도 다반사다. 가장 좋은 방법은 신뢰 관계를 잘 지킬 수 있는 직원을 뽑는 것이지만, 그런 일이 벌어지더라도 흔들림이 없는 회사를 만들어서 시스템화하는 것이 리스크를 줄이는 가장 좋은 방법이다.

 나는 수업 시스템, 학생 관리 시스템, 직원 관리 시스템, 교육비 시스템, 상담 시스템 등을 매뉴얼화했다. 학생이 입단했을 때, 퇴원했을 때, 부상과 같은 일이 생겼을 때의 대처 매뉴얼 등으로 세분화하여 작성해 놓을수록 좋다. 학생들은 매일 보지만 학부모들은 그렇지 못하기 때문에 학부모를 대상으로 하는 분기별 상담 매뉴얼도 필수적이다. 내가 처음 상담을 진행할 때 어려움을 겪었듯, 많은 코치 선생님들 또한 이 부분에서 어려움을 겪는다. 때문에 상담 시스템을 매뉴얼화하는 것은 매우 중요하다. 올바른 상담 방식으로 학부모에게 신뢰감을 줄 수 있음은 물론이다.

또한 코치들 간에는 직급에 맞는 매뉴얼을 만들어서 신규 직원이 와도 바로 적응할 수 있도록 하자. 나는 6개의 직영점, 1개의 가맹점을 이러한 방식으로 운영 관리하고 있다. 각 지점마다 2명씩 메인이 되는 선생님과 2명의 보조 선생님으로 운영하며 정확한 역할 분담을 한다. 일주일에 한 번 수업하며 개인 사정으로 선생님이 수업에 불참하더라도 학생들과의 약속을 지킬 수 있다. 업무 체계를 만드는 것이 직원 관리의 핵심인 것이다.

8) 모든 것이 영원할 것이라고 생각하지 말 것

그런 말이 있다. "영원한 것은 영원이라는 말뿐이다."
이 말은 사람 간의 관계에 많이 사용되는 말이지만, 사업을 운영함에 있어서도 유념해야하는 말이다.

사업 초반의 시행착오가 지나가고, 사업이 어느 정도 안정적인 궤도에 들면 많은 사람들이 하는 착각이 있다. 다음 달에도, 내년에도 계속 이렇게 학생들이 많을 것이라는 기대이다. 그러나 이는 가장 경계해야 하는 자세이다.

당연한 것은 없으며, 지금 이룬 것이 언제든 사라질 수 있다는 마음가짐으로 미래를 대비하는 것은 언제나 필요하다. 당장 들어온 회비를 투자 등으로 사용하지 않고 몇 달치 비상 운영 자금으로 적립해 두다거나, 학부모와 학생들에게 처음의 마음가짐으로 언제나 양질의 서비스를 제공하고자 노력하는 것은 장기적으로 보았을 때 매우 중요하다.

9) 노무사나 세무사 등 전문가의 도움을 받을 것

처음 클럽을 운영하다 보면 처음 장벽은 수많은 행정 절차와 서류 작업이고, 그다음은 이제 세금과 노동과 관련한 법을 공부하는 일이다. 우리는 전문가가 아니기에 실수를 하기 마련이다. 나는 반드시 전문가의 도움을 받는 것을 추천한다.

소규모 사업을 운영하다 보면, 직원을 채용할 때에 근로 계약서를 작성하지 않는 경우도 많다. 그러나 계약서를 작성하지 않는 것은 위법인 것은 물론이고 상호 간의 계약과 다짐을 주고받는 점에서 근로 계약서 작성은 필수적이다.

근무를 시작하면서 맞춰 갈 점들은 비단 급여나 근로 시간만 있는 것이 아니다. 휴게 시간이나 휴가를 비롯하여 다양한 부분에서 직원과 사전 협의를 통해 계약의 형태로 남겨 두는 것은 사용자와 노동자 모두에게 중요한 부분이다. 민감할 수 있는 부분에 대해 미리 합의가 이루어져야만 차후 생길 갈등을 방지할 수 있기 때문이다. 따라서 근로 계약서 작성과 협의 사항에 대한 세부 조항은 법적 조건이나 절차에 맞도록 노무사의 도움을 받아서 상세한 사항을 작성하는 것이 필요하다.

 퇴직금과 같은 문제 또한 전문가의 도움을 받는 것이 좋다. 직원이 1년 이상 근무하고 퇴직하는 경우에는 퇴직금이 발생한다. 이에 개인적으로 고용하고 있는 노무사나 법무사, 세무사가 정리한 내용을 바탕으로 전달하게 된다. 직원들도 자체적으로 퇴직금에 대한 계산을 마친 상태에서 전달되기 때문에 이 부분에서 분쟁이 발생할 여지가 다소 있다. 그동안 오랫동안 함께했던 직원이기도 하고, 개인적으로 아는 지인인 경우도 많아서 이 부분을 잘 풀어내는 방법을 터득하는 것이 좋다.

10) 내가 하고 싶은 곳이 아닌, 찾아갈 수 있는 입지를 선택해라

 앞서 창업 비용에 관련하여 한차례 입지의 중요성을 역설했지만, 입지가 성패를 좌우하는 가장 핵심적인 요소이기 때문에 입지에 관련한 내용에 대해 보다 자세히 이야기해 보고자 한다.

 어디에 축구 클럽을 설립해야 할까? 아마 사업을 이제 막 시작하려는 사람들이 가장 고민되는 부분일 것이다. 이에 대한 답은 사람들이 찾아오기 편한 곳으로, 판매자가 아닌 구매자의 마음으로 위치를 선정하는 것이 좋다는 것이다.

그렇다면 구매자인 학부모님들이 생각하시는 좋은 위치는 어디일까? 학부모님들은 여러 가지를 생각하시겠지만 가장 중요한 건 아이들의 안전이다. 우리 지점들 같은 경우 도보로도 이동하는 반들이 있는데, 거리는 짧지만 횡단보도를 건너거나, 역을 지나야 해서 사람들이 굉장히 많이 다니는 구간이 있다. 하지만 앞뒤에서 선생님들이 인솔을 잘해 주셔서 아직까지는 문제가 되는 일 없이 잘 다니고 있다.

회사의 가장 큰 자산, 가족 같은 직원들

지금까지 성공적으로 성동FC를 이끌어 올 수 있었던 공을 가족과도 같은 직원들에게 돌리고 싶다. 첫 시작은 혼자였다. 이후 나의 창업 자금을 보태 주었던 든든한 지원군 형이 전역을 했고, 친한 친구들과 동생들이 같이 일하기 시작하여 모두가 힘을 모아 내 일처럼 하게 되면서 많은 것이 바뀌었다.

사람을 잘 쓰는 것이 중요하다고 생각하게 된 계기는 바로 이때였다. 물론 처음부터 고군분투하며 애를 쓰고 자리를 잡았지만, 사업이 빛을 보기 시작한 때는 바로 가족 같은 사람들과 함께 일하기 시작하면서부터였다.

모든 것이 수월했다고 말할 수는 없지만 나름의 기준을 가지고 고용했던 직원들은 대체적으로 나와 아는 사이였고, 성실하게 아이들의 수준에 맞게 잘 가르쳐 주었다. 성동구 지역의 학생들이 많아지면서 입소문도 금세 퍼졌다.

구내 여러 곳에서 수요가 늘어나자 지점을 확장하기로 마음먹었다. 그러나 누구도 예측하지 못했던 전 지구적 사건이 터졌다. 코로나19 사태가 터진 것이다.

당시 집합 규제가 5인, 10인과 같은 방식으로 매주 바뀌었고, 9시 이후엔 영업이 금지되었기 때문에 운영 자체가 불가능한 상황이었다. 이 시기에 학생들을 유지하는 것도 어려웠고, 당연히 직원들 또한 사업체 대표로서 부담이 되는 부분이었다.

그러나 월급을 포기하면서까지 같이 일하고 싶다는 이야기를 직원들이 먼저 꺼냈다. 정부 지원이 들어와서 급여를 주어도 다시 돌려주는 친구들마저 있었다. 물론 나는 돌려받는 것을 거절했지만 직원과 나 사이의 신뢰감과 유대감이 어느 정도였는지 확인할 수 있는 계기가 되었다. 나 또한 단 한 명의 직원도 자르지 않았다. 어려웠던 시기에 서로 간에 쌓인 신뢰를 바탕으로 하여 성장해 올 수 있지 않았나 생각한다. 서로 간의 믿음이 지금까지 함께할 수 있는 동력이 된 것이다.

어려운 시기를 잘 이겨 내고, 우리는 이전보다 더욱더 단단한 회사가 되었다. 성동구에서 축구를 하는 학생을 붙잡고 물어본다고 가정해 보자. 아마 백이면 백 성동FC라고 말할 것이라고 해도 과장이 아닌 단계에 이르렀다.

나는 이젠 교육직에서 물러나 학생들을 직접 가르치지 않는다. 모두 믿고 맡길 수 있는 직원들이 교육을 전담한다. 지금 이 자리는 선생님들이 모두 열심히 해 준 덕분에 성취할 수 있던 자리다. 임직원들이 모두 자기 일처럼 일하고 있다.

그렇다고 해서 단순히 친밀도를 기준으로 하여 지인들을 직원으로 채용한 것은 아니다. 물론 기준은 '일'이었다. 지인들 중에서도 일 잘하는 사람들을 기준으로 선택했고, 때문에 일을 믿고 맡기다 보니 믿음이 생기는 선순환이 이루어진 것이다.

지인만을 채용한 것 또한 아니다. 한 사례로 대학까지 축구를 했다가 부동산 일을 하던 직원이 있다. 일을 워낙 잘해 준 덕분에 지금은 나의 오른팔도 같은 역할을 하고 있다. 부동산에 대한 지식이 풍부하기 때문에 지금은 지점 계약 등의 업무는 완전히 이 직원이 전담하고 있다. 이 직원은 좋은 선례가 되었다. 다른 직원도 나도 열심히 하면 저러한 위치에 올라갈 수 있을 것이라는 분위기가 됐다.

단순히 축구 일만 계속해 온 사람들뿐 아니라 다양한 경험이 있는 사람들로 인해서 서열 관계나 조직 등이 정리가 되었던 부분이 있기도 한 것이다. 여러모로 사업을 운영하는 데에 직원과 나는 좋은 시너지를 주고받으며 지금도 회사를 올바른 방향으로 성장시키기 위해 노력 중이다.

창업을 준비하면서 유의할 팁

Q. 축구 클럽을 운영하며 포기하고 싶을 때 마음을 다잡는 방법이 있을까요?

십여 년간 축구 클럽을 운영하면서 포기하고 싶던 순간이 없었을까?

종종 이런 질문을 받곤 한다. 대답을 유추할 수 있는가? 물론 내 대답은 '무척 많다'이다.

학부모나 학생에게 상처를 받기도 하고, 경제적인 어려움에 처할 때도 있었다. 행정 절차를 처리하는 데 능숙하지 않아 벌금을 내기도 했다. 그럴 때마다 나는 처음의 마음, 즉 초심(初心)을 되새겼다. 축구 선수를 준비하던 내가 축구 클럽을 시작하겠다고 모두가 말릴 때에도 굳은 의지로 밀고 나갔던 그때의 마음을.

한 심리학자에 따르면 성공은 그다지 특별한 방법에 있는 것이 아니라고 한다. 그저 무언가를 꾸준하게 해 나가기만 하면 성공에 이를 수 있다고 한다. 첫 시작은 누구나 할 수 있지만 최소 3~6개월 안에 90%의 사람들이 이를 그만둔다고 한다. 결국 살아남는 것은 단 10%. 그들이 특별한 전략이나 재능이 있어서가 아니다. 그저 꾸준히 해 왔기 때문이다.

나의 전략 또한 여기에 있다. 꾸준함 그리고 이를 이어 나가겠다는 의지이다. 내가 책임질 학생들과 축구에 대한 꺼지지 않는 열정, 이 일이 주는 보람과 행복은 물론 내게 큰 힘이 되었지만 오직 그것만으로는 십 년이 넘는 기간 동안 사업을 유지하기는 어렵다. 관계도, 사업도 모두 마찬가지이다. 이를 지키겠다는 꾸준함과 그에 대한 의지가 결국은 당신을 성공으로 이끌 것이다.

Q. 직원 이탈과 같은 리스크 관리 방법이 있을까요?

직원을 아무리 잘 뽑아도 퇴사에 대한 리스크는 언제나 있기 마련이다. 처음에는 아끼던 직원이 퇴사를 입에 올렸을 때 서운한 감정이 먼저 앞서기도 했다. 그러나 지금은 꿈을 찾아 떠나는 것을 응원해 주는 편이다. 내가 잘해 주지 못해서도 아니고, 직원이 나빠서도 아니다. 그저 우리는 서로 맞는 자리에서 각자의 일을 해 나가면 될 뿐이라는 사실을 축구 교실을 운영하면서 깨닫게 됐다.

축구 교실은 셔틀 운영이 필수적이다 보니 운전이 가능한 교사를 채용하는 것 또한 한 가지 리스크가 된다. 시간 약속이나 직원이 아이들을 대하는 태도, 업무에 임하는 마음가짐과 복장 또한 중요하다. 또 한 가지 중요한 점은 아이들을 상대로 하는 일이다 보니 흡연자는 채용하지 않는다는 점이다. 학부모와 아이들에게 지속적으로 노출이 되기 때문에 복장을 완전하게 갖춰 입을 필요는 없더라도 전문성을 보여 줄 수 있을 정도의 치장은 반드시 요구된다. 불시에 학부모에게 상담 요청이 들어올 가능성 또한 존재하기 때문이다.

직원이 차량 운전을 난폭하게 하는 경우도 문제가 되기도 한다. 내가 차량에 매번 탑승하는 것이 아니다 보니 운전 습관에 대해서는 선제적으로 파악이 어렵다. 그렇기 때문에 때때로 학부모나 학생들을 통하여 체크를 하는 것이 필요하다.

리스크 관리는 경험을 통해서 얻어지게 되어 있다. 다만 중요한 것은 리스크가 생기지 않도록 최대한의 대비를 하는 것 그리고 리스크가 닥쳤을 때 문제점을 개선해 나가고 해당 문제가 다시 반복되지 않도록 관리하며 우리 클럽의 신뢰를 쌓는 것이다. 본인에 대한 믿음, 학부모에 대한 믿음 그리고 학생과 직원에 대한 믿음까지. 함께하는 사람들을 믿고 이들과 함께 이 유기적인 조직을 구성해 나가는 것에 초점을 맞추다 보면 크고 작은 리스크들은 금세 지나가고 큰 문제가 되지 않았음을 알게 될 것이다.

Q. 앞으로 축구 클럽을 통해 이루고 싶은 것이 있다면?

2,000만 원. 앞서서 나의 창업 자금은 2,000만 원이었다고 언급했다. 이는 정확히 말하면 고등학생 때부터 아르바이트로 번 돈 980만 원과 입대하며 사업 자금에 보태어 쓰라고 주고 간 형의 1,000만 원을 합친 금액이다. 그때 당시 나는 전 재산이 2,000만 원인 초보 감독이었지만 지금은 2,000명이 넘는 회원을 자랑하고 있고, 창업 당시에는 생각도 못했던 여러 일을 하고 있다. 내가 운영하는 축구 교실의 체인점도 벌써 여러 곳이며, 성동FC라는 이름을 알아보는 사람도 많아졌다. 축구 선수로 이름을 알리기를 희망하던 그때의 나보다 이제는 나의 클럽이 더욱 큰 유명세를 타고 있다.

창업 당시와 비교해 단순히 경제적인 여유만 이룬 것은 아니다. 축구 교실이 안정적으로 자리 잡은 덕분에 지금의 아내를 만나서 아름다운 가정을 이룰 수 있었고 사랑스러운 아이도 함께하고 있다. 훗날 장성한 아이와 함께 축구를 하는 장면을 상상하며 미래를 그려 보는 중이다.

제자로 만나서 현재 강사로 일하고 있는 나의 제자, 학부모와 원장의 관계로 만났지만 누구보다 든든하게 나를 지지해 주는 이웃, 구 의원의 출마를 권한 지인 등 모두 축구 교실을 운영하지 않았다면 나에게 찾아오지 않았을 기회들이다.

나는 궁극적으로는 나의 축구 교실이 내가 살고 있는 지역 사회의 순환에 도움이 되는 하나의 톱니바퀴가 되기를 바란다. 성동FC 안에서 아이들이 건강하게 성장하고, 지역 사회의 구성원들 모두 즐겁게 운동할 수 있길 바란다.

내가 정치에 나선 이유

나는 나의 성공이 절대 나의 능력만을 바탕으로 이루어진 것이라 생각하지 않는다. 첫 번째로 학생과 학부모의 도움이 있었고, 두 번째로 직원들의 도움이 있었다. 나아가 지역 주민의 사랑과 관심이 있었다. 나는 지역 주민 덕분에 사업을 지금까지 유지할 수 있었다고 생각한다. 나는 이 사업 덕분에 사회 경제적 안정을 성취할 수 있었고, 덕분에 나의 가정도 꾸리게 되었다. 말하자면 나는 지역 주민 덕분에 나의 새로운 삶을 꾸릴 수 있었다고 생각하고 있다. 따라서 이를 돌려주고 싶은 마음에 출마를 결심하게 되었다.

스포츠계 인사가 정치에 입문하는 것은 매우 드문 일이다. 그렇다면 나는 정치가로서 무엇을 이루고 싶은가? 많은 이들이 궁금해한다. 그에 나는 대답한다. 나는 생활 체육과 교육의 중요성에 대해 역설하고자 한다.

아직 정치계에는 스포츠 전문가가 부족하다. 때문에 중요성에 대해서 충분히 논의되지 않은 것은 물론 법안 사이에 처리되지 않은 구멍들도 많다. 생활 체육까지 주민들의 삶을 건강하게 가꿀 수 있는 모든 법안과 조례들이 나의 전문 분야이자 주된 관심 분야이다.

나는 아르바이트를 쉴 새 없이, 직접 생활비를 벌어야 하는 가난한 집안에서 자라 왔다. 22살 생일에 창업을 했고, 32살에 구 의원을 하고 있다. 축구를 통해서 꿈을 이루어 왔기 때문에 어려운 최근의 세대에게 도움이 되고 싶은 마음이 있다.

운동을 하고 싶었지만 못하는 학생들, 새로운 진로를 찾고 싶은 학생들이 그 대상이고, 실제로 창업을 고민하는 사람들에게 도움이 되고 싶다. 나를 롤 모델로 삼아도 좋지만, 나의 다음 세대는 나를 뛰어넘었으면 하는 마음으로 그들을 지원해 주고 싶다.

나와 성장 배경이 비슷하고, 경제적 어려움 때문에 제대로 교육을 받지 못하거나, 꿈을 포기하는 사람들. 진로 고민을 앞두고 있는 사람들과 같은 자리에서 눈을 맞추며 좋은 영향력을 미치는 것이 내가 정치를 시작한 이유이자 계속해 나가는 이유이다. 박사 학위 과정 중인 것 또한 이에 걸맞은 능력을 갖추기 위함이다.

나의 꿈은 더 높은 곳으로 달려가기 위해 지금도 도전 중이다.
학생과 청년, 스포츠인 그리고 모든 국민들을 위해.

04

실내 축구 교실 실무

- 축구에 대한 기본 상식
- 사업에 앞서서
  - 사업자 등록증 내는 방법
  - 임대차 계약 방법
  - 시설 허가 받기
- 어디에서 시작할 것인가
  - 학군, 주거 고려하기
  - 건물 고르기

축구에 대한 기본 상식

유소년 축구 클럽 창업을 막 결심한 상황이라고 가정해 보자. 물론 축구라는 스포츠에 대해서 전혀 알지 못하는 사람이 창업을 결심할 가능성은 몹시 희박하지만 창업에 대한 상세한 실무적인 내용에 앞서서 축구라는 스포츠에 대해 간단히 짚고 창업에 필요한 기본 상식에 대해 서술하려 한다.

축구의 정의와 입지

축구는 손과 팔을 사용하지 않고, 발만을 사용해서 축구공을 상대편의 골대에 넣어 점수를 얻는 것이 기본적인 룰이다. 이 점수를 통하여 승과 패를 가리는 구기 스포츠라고 할 수 있다. 손과 팔을 공에 대거나 잡는 것을 금지한다는 점과 골대를 사용하는 것이 축구의 본질이자 핵심이다. 두 가지 조건을 만족하는 경우에만 축구라고 불리며, 이 둘 중 하나라도 만족하지 않는 경기 방식은 축구와 다른 스포츠로 불리운다.

축구는 현재 전 세계에서 최고의 보급률을 가지고 있으며 인기와 관심을 따라올 종목이 없는 스포츠이다. 축구계에서 가장 권위 있는 대회인 FIFA 월드컵은 전 세계가 축제 분위기에 뒤덮이고, 축구로 하나 되는 국제적 행사이다. 국가 대표 팀 간의 평가전에도 전 국민이 주목할 정도로 중요한 스포츠 이벤트이다.

축구의 인기를 이끄는 많은 이유 중 하나는 축구의 종주국 잉글랜드에서 찾아볼 수 있다. 잉글랜드에서 과거 축구는 다수의 노동자 계층이 주로 즐기는 스포츠였고, 이들이 직업으로 축구 선수의 길을 걸었기 때문이라고 보는 것이 보편적이다. 이로 인해 해외로 이민을 가거나 직업을 찾으러 방문한 영국인 노동자들에 의해 축구가 다른 나라로의 전파와 보급이 빠르게 이루어졌다. 규칙이 간단하고 운동장에 제약이 거의 없어, 초보자들만으로도 게임이 가능한 것은 물론 신체적 조건이 미치는 영향이 상대적으로 적다는 점도 이유가 될 수 있다.

FIFA 보고서 '빅 카운트'에 따르면 2000년 기준 남성과 여성 축구 선수 인구는 약 2억 4,200만 명이다. 2023년 현재는 더 증가했을 것으로 보이며, FIFA에 가입하지 않은 축구 협회까지 포함하면 축구는 남녀노소가 같이 즐길 수 있는 인기 스포츠라고 할 수 있다.

축구의 명칭

축구를 이르는 말은 여러 가지가 있지만 대부분 영국에서 축구를 뜻하는 단어인 Football을 자국 언어로 번역하거나, 풋볼이란 발음을 남기기 위해 그 언어 음운 체계에 맞게 Football의 철자를 약간씩 변형한 것이다.

유럽의 여러 나라들도 축구를 뜻하는 단어로 영어인 Football과 어원이 같은 말을 사용하는 경우가 있는데 프랑스어의 Football이나 Foot, 독일어의 Fußball, 스페인어의 Fútbol, 포르투갈어의 Futebol, 네덜란드어의 Voetbal 등이 그 대표적인 예로 들 수 있다.

한편 영어 말고도 다른 언어에서도 축구를 이르는 단어가 복수인 경우가 적지 않은 편이다. 대개 Football이라는 단어를 의미 그대로 번역한 단어를 쓰다 Football 계열의 단어로 옮겨 간 경우가 많다. 예를 들어 스페인어로 축구를 이르는 말이 Fútbol 하나로 통일된 지 오래긴 하나 과거 축구가 막 도입될 시기엔 Balompié라는 단어가 만들어졌다. Balón(공)+Pie(발) 의 조합으로 만들어진 단어이다. 이 단어는 현재 레알 베티스 발롬피에의 팀명으로 남아 명맥을 유지하고 있다. 외래어를 철저히 배격하기로 소문난 아이슬란드어도 Knattspyrna라는 단어가 공식적인 명칭이긴 하나 Fótbolti라는 외래어 유래 명칭을 더 많이 사용한다.

북미(미국과 캐나다) 지역에서 Football은 각각 미식축구와 캐나디안 풋볼을 칭하며 그와 구분하기 위해 축구는 Association Football, 아니면 그냥 편하게 Soccer라고 한다. 그렇다고 Soccer라는 단어가 미국에서 만들어진 건 아니고, 사실 Soccer라는 말도 영국(잉글랜드)에서 만들어진 말이다. 자세한 경위는 바로 아래 문단에 서술돼 있다.

19세기 중후반 잉글랜드에선 오늘날의 축구 외에 럭비 또한 Football이라고 불렸는데, 그중 손을 사용하지 않는다는 규칙을 만든 것이 축구 협회 즉 Football Association이었다. 그리고 이 Association(협회)의 규칙을 지켜서 Football을 하는 사람들을 Assoccer라고 부르다가 더 간단히 Soccer라고 부르게 된 것이다. 이 사람들이 여러 가지 이유로 북미로 건너가면서 Soccer라는 단어가 축구를 뜻하는 단어로 정착이 되어 지금처럼 불리게 된 것이다. 반대로 잉글랜드에서는 이후 축구가 인기 스포츠가 되면서 자연히 Football이라고 하면 축구를 떠올리게 된 것이다.

그러나 미국에서는 축구가 다른 스포츠에 비하여 인기 스포츠가 아니었기 때문에 그대로 Soccer라는 말이 축구를 뜻하는 단어로 남아 있게 된 것이다. 호주나 캐나다, 아일랜드도 마찬가지 이유로 현재까지도 Soccer라는 말을 더 많이 쓰며 호주나 아일랜드에서 Football은 각각 그네들의 토종 스포츠인 호식 축구, 게일릭 풋볼을 뜻한다.

한국어의 '축구'는 일본에서 Football을 축구(蹴球, 슈큐)라고 번역한 것에서 유래했으며 '축'은 '찰 축'이다. 축구는 발로 차는 공이란 의미. 과거엔 다른 풋볼 계열 스포츠와 구분하기 위해 아식 축구(Association, 式蹴球)라는 용어도 사용되었지만, 현재는 쓰이고 있지 않다. 이렇게 '축구'는 일본을 통해 들어온 한자어지만 정작 일본은 사커(Soccer)를 일본식으로 발음한 삿카(サッカー)라고 하고 일본식 한자어인 슈큐라는 말은 거의 쓰이지 않는다.

축구의 특징

- 편의성

축구의 스포츠로서의 최대 장점은 경기 설립 요건에 대한 장벽이 매우 낮은 편이라는 데에 있다. 여러 가지 스포츠가 있지만 야구와 비교했을 때, 배트, 라켓, 글러브와 같은 장비 필요 없이 축구공만 있으면 경기가 가능하다. 골대가 없다면 기둥이나 나무를 기준으로 하거나 맨 땅에 선을 그려서, 혹은 땅에 이미 그려진 어떤 선을 기준으로 삼아서 운동을 할 수 있다. 따라서 유소년기 대부분의 청소년들부터 중장년층까지 축구라는 종목을 쉽게 접하고 시작할 수 있으며 특별한 제약 없이 즐길 수 있다는 점이 축구 인구를 늘리는 데 많은 부분 기여하고 있음을 알 수 있다. 물론 개인 장비로 축구화나 신 가드 등이 전문적인 영역에서는 장비로서 요구되지만 동네에서 친구들과 가볍게 즐기는 정도에서는 공 하나만으로 충분하다. 인체에서 가장 힘이 센 부위인 허벅지 근육을 주로 사용하기 때문에 공의 상태 또한 '굴러가기만 하면' 별 다른 문제가 되지 않는다.

 그라운드 또한 정규 규격에 큰 영향을 받지 않아, 차고 뛸 수 있는 공간만 있다면 경기를 진행하는 데에는 문제가 없으며, 모양이 사각이 아니거나 외곽선이 명확하지 않아도 괜찮다. 인원 구성 또한 자유로운 편이라 1:1부터 11:11 구성까지 가능하다. 인원이 홀수인 경우에도 어설프게나마 경기가 진행되는 경우가 많다.

 규칙 또한 어렵지 않다. 오프사이드 룰을 제외하고서는 손을 사용하지 않는다는 규칙만 알면 오늘 처음 축구를 접한 이라도 누구든 반칙 없이 경기를 즐길 수 있다. 이러한 이유로 학교 운동장의 중심은 대부분의 학교에서 축구가 차지하고 있다. 이러한 이유로 축구는 다른 스포츠와 비교하여 압도적으로 편의성을 갖추고, 누구나 쉽게 접할 수 있는 스포츠로 인식되기 때문에 세계 곳곳의 운동장이나 공터에서는 축구를 하는 사람들을 찾아볼 수 있다. 쟁쟁한 유명 리그의 선수들도 어린 시절 동네 축구를 하면서 실력을 쌓은 경우나 재능을 발견하여 축구를 전문적으로 시작하게 되었다는 사례도 적지 않게 발견된다. 어느 사회 집단을 가도 축구 애호가나 동호회를 찾기 어렵지 않으며, 이러한 이유들로 전 세계 최고의 인기 스포츠로 자리 잡아 오랜 역사를 이어 오고 있다.

- 의외성

"공은 둥글다(Der Ball ist rund)."
- 독일의 축구 감독 Sepp Herberger, 1954

축구에 관한 명언 중 여러 명언이 남아 있지만 가장 널리 알려진 이 말은 축구가 가진 의외성을 모두 함축하고 있다고 보아도 과언이 아니다. 인류가 가장 고도로 정밀화된 일을 할 수 있도록 만들어 문명 발달을 촉진한 기관이 손인데 반해 축구에서는 이 손을 사용할 수 없다는 규칙을 가지고 있기에 의외성이 필연적으로 발생하게 된다. 컨트롤하기 어렵고도 강력한 힘을 가진 신체 기관인 발을 주로 사용하여 공을 움직이고, 패스하고, 골대에 넣어야 한다는 것이다.

모든 스포츠 경기의 매력은 누가 이길지 모른다는 그 불확실성으로부터 연유하는 긴장감에서 나온다지만 축구는 달리기와 같은 스포츠와 비교하면 몹시 이변이 많은 경기이다. 우리나라가 2002년 한·일 월드컵에서 4강에 진출했을 때 많은 국민들이 열광했던 것 또한 언제나 우승 후보 자리와는 먼 곳에 떨어져 있던 대한민국의 이름이 세계의 쟁쟁한 팀들과 어깨를 나란히 하고 4강이라는 이변을 만들어 내고, 누구도 예상할 수 없었던, 기대 이상의 결과를 냈기 때문인 것과 마찬가지 이유이다.

축구 경기의 특성상 골대의 기둥을 맞고 나오거나, 골키퍼의 실수로 공이 흘러가거나, 선수의 몸에 맞고 다시 튕긴 공이 어디로 갈지 모른다는 점과 같은 예측이 불가능한 장면들 때문에 실점과 득점이 의외의 순간에 나오는 경우가 많다. 더구나 점수로 승부를 겨루는 많은 스포츠 경기들 중에서도 가장 득점을 내는 것이 어려운 편이기에 1점의 가치가 몹시 크다. 따라서 이런 예측 불가능한 상황들에서 나오는 득점과 실점은 경기 결과에 직접적인 영향을 주게 된다. 이는 곧 많은 이변의 경기를 만들어 낸다. 또한 이러한 점들이 축구 팬들을 열광시킨다.

- 체력과 체격

모든 스포츠 경기는 강인한 체력과 뛰어난 신체 능력이 필요로 하지만 축구는 유독 그 중요성이 강조된다. 전후반 45분, 총 90분을 끊임없이 뛰어야 하기 때문에 지구력이 몹시 중요하다. 90분간 선수들의 평균 이동 거리는 8~9km인 것을 보면 얼마나 많은 체력과 지구력이 필요할지는 예상 가능하다.

그러나 한편 다른 스포츠에 비해서 피지컬이라고 불리는 체격 조건의 영향력은 상대적으로 적은 편이다. 농구나 배구와 달리, 마라도나나 메시, 펠레 등 많은 세계 최고의 축구 선수들의 신장은 작고 왜소하였지만 그들의 퍼포먼스와 경기중에 영향력은 그 어떤 선수들보다 훌륭하였다.

축구 경기의 규칙

축구의 규칙은 매우 단순하다. 물론 축구 규칙집 자체야 다른 구기종목만큼 길고 자세하겠지만, 단순하다는 뜻은 핸드볼과 오프사이드 정도만 지키면 딱히 모르거나 틀리게 진행하더라도 경기 양상이 엄청 달라지거나 진행에 문제가 있지 않기 때문이다.

따라서 초심자의 관전이나 입문이 쉬우며, 초심자가 축구의 즐거움을 느끼는 단계에서는 과감하게 다 생략하고 다음 몇 줄만 익혀도 충분하다.

1. 페널티 박스 안의 골키퍼를 제외하곤 손이 아닌 다른 신체 부위로 공을 터치해야 한다.
2. 어느 정도의 몸싸움은 허용되지만 폭행 등 일반적인 구기 종목에서 금지되는 사항은 금지.
3. 오프사이드 플레이 금지.
4. 위의 사항을 어기면 프리 킥. 단, 페널티 박스 안에서 수비측이 파울을 하면 페널티 킥이 주어진다. 심각한 반칙의 경우 경고(옐로카드),

퇴장(레드카드)도 주어질 수 있다.
5. 공이 외곽선을 넘거나 골이 들어가면 적절한 해당 규칙을 통해 다시 공을 필드로 넣는다. 골킥, 코너킥, 스로인, 킥오프 등.

축구의 포지션

현대 축구에서는 여러 가지 전술과 그에 맞는 포지션들이 있다. 아래 표를 참고한다면 그 포지션에 명칭과 역할을 알 수 있을 것이다.

	중앙 공격수(CF)	
좌측 윙 포워드 (LWF)	세컨드 스트라이커(SS)	우측 윙 포워드 (RWF)
	공격형 미드필더(AM)	
좌측 측면 미드필더 (LM)	중앙 미드필더(CM)	우측 측면 미드필더 (RM)
좌측 윙백(LWB)	수비형 미드필더(DM)	우측 윙백(RWB)
좌측 풀백(LB)	센터 백(CB)	우측 풀백(RB)
	골키퍼(GK)	

사업에 앞서서

꿈에 부풀어 사업을 시작하면 설레는 마음도 앞서겠지만, 현실적으로 고려해야 할 다양한 행정 절차와 법적인 문제들에 부딪힌다. 나 또한 운동만 하던 사람이라 창업을 처음 시작하면서는 이러한 부분에서 크게 어려움을 겪고 혼란스러웠다. 나의 후배나 후발 주자가 이 사업을 시작할 때 챙겨 두면 좋을 만한 사업을 준비하는 과정에서 필요한 정보들을 정리해 봤다.

1) 사업자 등록증 내는 방법

사업자 등록이란 납세 의무를 지는 사업자에 관한 정보를 국세청에 신고/등록하는 것을 말한다. 사업자 등록이 완료되어야 사업 금융 거래, 세금 계산서/현금 영수증 발행 등 사업 관련 상거래 활동을 시작할 수 있다. 사업자 등록은 온라인으로 등록하는 방법과 세무서에 방문해 등록하는 두 가지 방법이 있다.

A. 온라인으로 사업자 등록하기

세무서에 직접 방문하지 않고 온라인으로도 손쉽게 사업자 등록하는 방법이다. 집에서도 처리가 가능하지만 관련 지식이 없을 경우 혼란스러울 수 있다. 이 경우엔 세무서에 직접 방문하여 등록하는 것 또한 추천한다.

① 국세청홈택스에 접속하여 로그인하기(https://www.hometax.go.kr)

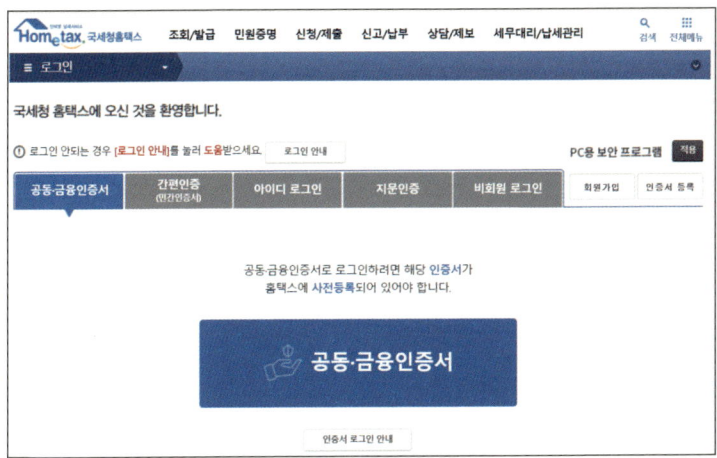

② [신청/제출 〉 사업자등록신청/정정 등 〉 사업자등록신청(개인)]
클릭하기

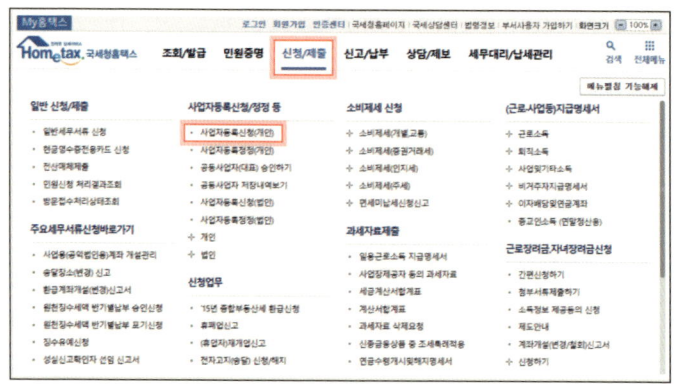

③ 사업자 등록 신청서 작성하기

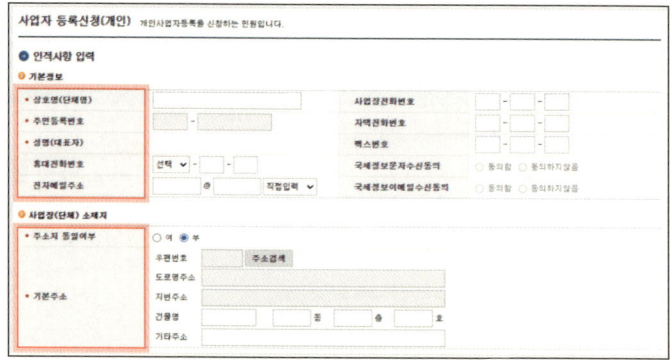

- 상호명은 한글로 적는다. 한자나 영어 등의 외국어는 괄호 안에 표기를 해야 한다.   예시) 디오리지널(The orginal)

- 사업장(단체) 소재지는 개인 사업자의 경우, 사무실 주소가 없어도 되며 본인의 집 주소를 기재해도 된다.

- 개업일자는 원하는 날짜로 입력하고, [업종 입력/수정]을 클릭한다. 여기에서 업종은 '체육교습업'이다.

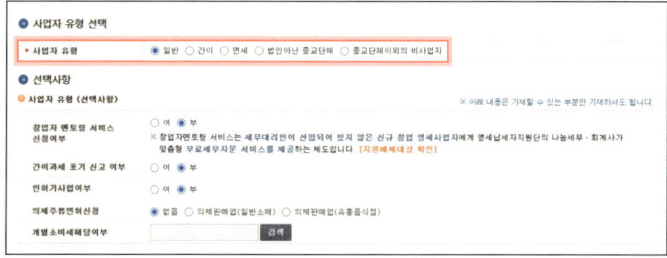

- 사업자 유형은 연 매출 8,000만 원 이상이 나올 것 같다고 생각되면 일반 사업자, 그 이하로 나올 것 같으면 간이 사업자로 선택한다. (2021년 기준 금액 상향)

- 처음 신청 시, 간이 사업자로 신청하시고 추후 변경도 가능하다.

④ 관련 서류 제출하기

입력 완료 후 사업자 등록에 필요한 서류를 등록하면 된다.

B. 세무서 방문해서 사업자 등록하기

홈택스 이용이 어려운 경우 직접 세무서를 방문해서 사업자 등록 신청을 할 수 있다. 가까운 세무서의 민원봉사실에 방문하여 신청한다. 방문 신청을 하면 담당자에게 궁금한 것을 물어보며 진행할 수 있는 장점이 있다. 가까운 세무서는 국세청 홈페이지의 전국 세무관서-지역으로 찾기 메뉴에 들어가서 살펴보면 더 간단하다.

① 사업자 등록 신청서 제출하기

- 상호명

사업자등록증상의 상호는 한글을 사용하는 것이 원칙이지만, 필요한 경우에는 괄호 안에 한자 그 밖의 외국어를 넣어 쓸 수 있다. 단, 음성으로 읽을 수 없는 기호나 도안은 상호가 될 수 없다.

- 업종, 업태, 업종 코드

사업자 등록 시 운영하는 사업의 업종을 함께 기재해야 한다. 방문시 민원실 담당자의 도움을 받아 입력하면 되지만 온라인 판매가 메인인 쇼핑몰 사업자의 경우 아래와 같이 입력하면 된다.

- 사업장 구분 / 면적

사업장을 임차하여 사용하는 경우 임대차 계약서에 포함된 면적을 타가 면적란에 입력하고, 자가의 경우 자가 면적에 입력하면 된다.

- 개업 일자

사업이 개시된(될) 날짜를 입력하면 된다.

온·오프라인에서 사업자 등록증 발급하는 법에 대해 봤다. 사업자 신청을 한 후, 신청일로부터 3영업일 이내에 사업자 등록증을 발급받을 수 있다.

국세청홈택스 [신청/제출 〉 일반 신청/제출 〉 민원신청 처리결과조회] 메뉴에서 출력할 수 있고, 세무서에 방문해서 직접 수령할 수도 있다.

2) 임대차 계약 방법

적합한 장소를 찾았다면, 부동산을 통해 거래하거나 임대인과 직접 거래하면 된다. 임대인이 부동산 중개 자격증이 있는 경우에는 직거래겠지만 대부분은 부동산을 통해 거래하므로 부동산을 통해 계약하는 내용을 상술하도록 하겠다.

위 내용은 상가건물 임대차 표준 계약서의 일부이다. 상가 임대차 계약을 할 때는 상가 임대차 표준 계약서를 사용하게 된다. 계약서에는 임차 상가 건물과 계약 내용, 인적 사항 및 특약 사항을 내용에 기입할 수 있다.

계약서의 윗부분부터 차례대로 살펴보겠다.

A. 임차 상가 건물의 표시

상가 건물 임대차 표준 계약서의 글씨 옆에 보이시는 것들 중에 대부분 상가의 경우에는 보증금 있는 월세를 계약하게 된다. 그 부분에 체크를 하면 된다. 임차 상가 건물의 표시 박스 안에 소재지에 해당 계약 상가의 주소를 작성하면 된다.

토지 및 건물은 토지 대장 및 건축물 대장에서의 내용을 확인 후 작성하면 된다.

임차할 부분은 사용하게 될 건물의 층수를 작성한다.
예시) 5층 건물 중 2층을 사용하면 1층의 호수

그리고 임차할 부분의 면적 같은 경우에는 기존 임차인이 가지고 있는 영업 신고증의 면적으로 작성해 주시거나 임대인에게 해당 부분의 도면을 받아서 상가 점포의 면적을 기재해 준다.

B. 계약 내용

이번에는 상가 임대차 계약서의 계약 내용이다. 계약 내용에는 해당 금액에 대한 내용을 적어 준다.

임대인과 임차인이 서로 협의된 보증금과 계약금, 잔금 그리고 월세와 지급일, 부가세 포함 여부 등을 기입하면 된다. 환산 보증금은 아래와 같다.

환산 보증금 = 보증금 + (월세*100)이다.

예를 들어 보증금 6,000만 원 월세 50만 원이라고 한다면, 보증금 6,000만 원 + (500,000*100) = 1억 1,000만 원이 나온다. 환산 보증금은 1억 1,000만 원이다.

C. 임대차 기간 / 임차 목적

임대차 기간은 상가 임대차 보호법에 의하면 최대 10년까지 계약 갱신이 가능하다.

임차 목적은 해당 계약과 관련 사업자를 등록하셔야 하며 실제로 영업용으로 사용하면 된다.

D. 계약의 해제와 계약의 해지

제5조 계약의 해제는 임차인이 임대인에게 중도금(중도금이 없을 때는 잔금)을 지급하기 전까지, 임대인은 계약금의 배액을 상환하고 임차인은 계약금을 포기하고 계약을 해제할 수 있음을 말한다. 계약금까지 지불했을 때의 경우를 말한다.

제7조 계약의 해지는 임차인이 과실 없이 임차 상가 건물의 일부가 멸실 혹은 기타 사유로 인해 사용할 수 없을 때에 임차인은 월세에서 그 부분의 비율만큼 감액을 청구할 수 있음을 뜻하며 정상적으로 상가 이용이 힘들어진다면 계약을 해지할 수 있음을 말한다.

임대인의 경우를 살펴보면, 임차인이 3기의 차임액에 달하도록 차임을 연체하거나 위반하는 경우에는 계약을 해지할 수 있다.

E. 계약 종료와 권리금 회수 기회 보호 / 재건축 등 계획과 갱신 거절 / 비용의 정산

제8조 권리금 회수 기회보호는 임차인은 계약이 종료된 경우 임차 상가건물을 원상회복하여 임대인에게 반환을 해야하며 임대인은 보증금을 임차인에게 반환하여야 하다.

임대인은 임대차 기간이 끝나기 6개월 전부터 임대차 종료 시까지 임차인인 주선한 신규 임차인이 되려는 자로부터 권리금을 지급받는 것을 방해해서는 안 된다.

제9조 재건축 등 계획과 갱신 거절은 임대인이 계약 체결 당시 공사 시기 및 소요 기간 등을 포함한 철거 또는 재건축 계획을 임차인에게 구체적으로 고지하고 그 계획에 따르는 경우 임대인은 임차인이 상가 건물 임대차 보호법에 따라 계약 갱신을 요구하더라도 계약 갱신의 요구를 거절할 수 있다.

제10조 비용의 정산은 임차인이 계약이 종료된 경우에 공과금과 관리비를 정산하여야 하다.

임차인은 이미 납부한 관리비 중 장기 수선 충당금을 소유자에게 반환 청구할 수 있지만 임차 상가 건물에 관한 장기 수선 충당금을 정산하는 주체가 소유자가 아닌 경우에는 그 자에게 청구할 수 있다.

F. 특약 사항

특약 사항은 임대인과 임차인이 서로 협의된 내용으로 추후 분쟁의 소지가 있을 수 있는 점에 대해 특약을 기재하는 것이다.

- 특약 사항의 검토

상가 건물 임대차 표준 계약서에 입주 전 수리 및 개량, 임대차 기간 중 수리 및 개량, 임차 상가 건물 인테리어, 관리비의 지급 주체, 시기 및 범위, 귀책사유 있는 채무 불이행 시 손해 배상액 예정 등을 특약 사항 예시로 하여 사전에 관리 관계를 명확히 하는 것이 좋다.

① 임차인이 임차 상가 건물을 인도받을 때까지 저당권 등의 권리 설정을 하지 않을 것에 대한 특약 사항

 - 상가 건물 임대차 계약 후 상가에 입주하는 날까지 그 사이에 임대인이 다른 사람에게 근저당권 등을 설정할 수 없도록 하며 이를 위반하면 임대차 계약을 해제하고 손해 배상을 요구할 수 있다. : 이 부분은 임차인이 입주하기 전에 근저당권 등의 권리가 설정되게 되면 임차권은 그 설정된 권리보다 후순위가 되어 보증금을 돌려받는 데 문제가 생길 수 있기 때문이다.

② 임차인이 입주하기 전에 발생한 임차 상가 건물의 하자나 보수는 임대인이 직접 수리한다는 특약 사항

　- 입주 시에 발견하기 어려운 보일러 고장 등의 수리 비용의 부담에 대해 서로의 책임 범위를 명확히 해 두는 것이 좋다. : 임차인이 입주 전에 발생한 고장이나 하자 등은 임대인의 비용으로 수리한다는 취지의 내용을 넣어 두는 것이 좋다.

③ 입주 전의 기간에 대한 공과금의 부담에 관한 특약 사항

　- 기존의 임차인이 전기 요금이나 수도 요금 등의 관리비를 내지 않고 이사 가는 경우에는 새로 계약한 임차인이 난처한 입장일 수 있다. : 이를 위해 입주하기 전 미납에 관한 관리비 부분에 대해서 임대인이 부담할 수 있도록 특약 사항에 넣어 두는 것이 좋다.

④ 임대인이 업종을 지정하는 경우

　- 임대인이 임대차 계약을 하면서 업종을 지정하는 경우에는 임차인이 계약서에 기재된 업종으로 개업을 해야 한다. : 임대인이 업종을 지정하는 경우 임대인의 동의에 따라 지정된 업종을 변경할 수 있다는 특약 사항을 해 두는 것도 계약 후에 분쟁의 소지를 예방할 수 있다.

⑤ 권리금이 있는 경우

　- 권리금은 임대차 목적물인 상가에서 영업을 하는 사람이나

영업을 하려는 사람이 영업 시설이나 비품, 거래처, 영업상의 노하우, 신용 혹은 상가의 위치에 따른 영업상의 이점이나 이익 등의 유무형 재산적 가치의 양도 또는 이용 대가로서 임대인이나 임차인에게 보증금과 차임 이외에 지급하는 금전적인 가치의 대가이다. : 전 임차인에게 권리금을 지급하고 상가에 입주한 임차인에게 권리금 회수가 중요한 문제가 되는 것이다.

 - 상가 소유자가 계약 만료 후에 상가를 임대하지 않을 경우에 권리금을 회수할 방법이 없으며 권리금은 상가 소유자와는 아무런 관련이 없기에, 임차인이 지급한 권리금을 회수하기 위해서는 권리금 회수에 관한 특약 사항을 기재하는 것이 좋다.

 - 임대인이 상가를 사용할 목적으로 임대차 기간 만료 때에 계약 갱신을 해 주지 않거나, 임차인이 정당한 사유 없이 명도를 요구 혹은 점포에 대한 임대차 계약의 갱신을 거절하고 다른 사람에게 처분하면서 권리금을 지급받지 못하게 하는 등, 임차인의 권리금 회수 기회를 갖지 못하게 하거나 권리금 회수를 방해하는 경우에는 임대인이 임차인에게 직접 권리금 지급을 부담하겠다는 특약 사항을 기재하는 것이 좋다.

⑥ 상가 건물의 주차장 등의 이용에 관한 특약 사항

 - 상가 건물의 주차장, 창고, 화장실 혹은 간판 등의 건물 시설

이용에 관한 사항을 명확히 명시하고 특약 사항에 기재하는 것이 좋다.

이러한 부분은 예시로써 임대인과 임차인이 서로 협의한 특약 사항을 명시한 후 계약하면 된다.

G. 인적 사항

인적 사항은 임대인, 임차인 그리고 공인 중개사의 각 인적 사항을 적으시고 서명과 날인을 하면 되며, 각자에게 1통씩 지급하여 보관하면 된다.

계약 종료 시 보증금액 변경 시 확정 일자 날인을 반드시 확인한다.

계약 기간 중 보증금을 증액하거나 재계약을 하면서 보증금을 증액한 경우에는 증액된 보증금액에 대한 우선 변제권을 확보하기 위해 반드시 다시 확정 일자를 받아야 한다.

계약 전에 상가 임대차 보호법에 관한 내용을 확인하는 것을 추천한다. 최근같이 부동산 관련 사기가 많은 시기에는 더욱이 주의하여 볼 필요가 있다.

① 당사자, 권리 순위, 중개 대상물 확인·설명서, 개업 공인 중개사 본인 확인
- 신분증, 등기사항증명서 등으로 본인 및 적법한 임대·임차권한 확인
- 대리인과 계약 시 위임장·대리인 신분증 확인 후 임대인과 통화하고 가급적 임대인 계좌로 송금
- 중개 대상물 확인·설명서 누락 여부 확인 후 서명
- 중개 사무소 등록 확인(http://land.seoul.go.kr), 공인 중개사 자격 소지자만 중개 행위 가능(중개 보조원 중개 행위 위법)

② 차임 증액 청구

계약 기간 중이나 묵시적 갱신 시 차임·보증금의 5%를 초과하지 못하고, 계약 또는 증액이 있은 후 1년 이내에는 하지 못한다.

③ 보증금액 변경 시 반드시 확정 일자 날인

④ 임차권 등기 명령 신청

임대차가 종료된 후에도 보증금이 반환되지 아니한 경우 임차인은 임대인의 동의 없이 임차 주택 소재지 관할 법원에서 임차권 등기 명령을 받아, 등기부에 등재된 것을 확인하고 이사해야 우선 변제 순위를 유지할 수 있으며, 이때 임차권 등기 명령 관련 비용을 임대인에게 청구할 수 있다.

⑤ 전입 후 경매 진행 통지서가 도착하였을 경우

배당 요구 기간 내 세입자는 임대차 계약서(확정 일자가 찍힌 계약서) 사본, 주민 등록 등본, 보증금 잔액의 채권 계산서를 첨부하여 경매 법원에 권리 신고, 배당 요구 신청서를 제출한다.

⑥ 묵시적 갱신 등

임대인은 6개월부터 1개월 전까지, 임차인은 1개월 전까지 계약 조건을 변경하여 재계약을 하겠다는 취지의 통지를 하지 않으면 동일한 조건으로 자동 갱신된다.

갱신된 임대차의 존속 기간은 2년이며 임차인은 언제든지 계약 해지 가능하고 임대인은 임차인과의 합의가 있어야 계약 해지 가능하다.

⑦ 관련 기관 연락처

최대한 문제가 생기지 않는 것이 좋겠으나, 각종 분쟁이 발생하였을 때는 아래 연락처로 도움을 요청해 보자.

> 서울시 상가임대차 상담센터 ☎ 02-2133-1211
> 서울시 무료 법률 상담 ☎ 120 또는 02-2133-7880
> 대한법률구조공단 ☎ 132
> 월세소득공제 신청 안내 국세청 ☎ 126
> 부동산 허위과장 광고 공정거래위원회 ☎ 02-2023-401

3) 시설 허가 받기

첫 번째로는 유소년 축구 교실이 신고 체육시설업에 해당하며, 그중에서도 체육교습업임을 알아 둘 필요가 있다. 체육교습업이란 '체육 시설을 이용하는 자로부터 직접 이용료를 받고 13세 미만 어린이들을 대상으로 30일 이상 교습 행위를 제공하는 업'을 가리킨다. 교습 과정의 반복으로 교습 일수가 연간 30일 이상 되는 경우가 포함되기 때문에 대부분의 실내 축구장이자 유소년 축구 클럽은 체육교습업에 해당한다.

2020년 12월부터 문체부에서 「체육시설법」 시행령·시행규칙 개정을 발표하며 어린이 축구 교실 등 체육교습업이 전면 시행되며 체육교습업의 범위와 체육 지도자 배치 기준, 안전 위생 기준이 마련되었다.

체육교습업자는 교습 인원에 따라 체육 지도자를 의무적으로 배치해야 하고 성범죄 경력자, 아동 학대 관련 범죄 전력이 있는 자는 체육교습업 종사자로 취업할 수 없다.

아울러 아동 복지법에 의해 시설의 종사자는 아동 학대 신고 의무자로서 신고 의무 교육을 받아야 하는 등 그동안 적용 법률이 없어 안전 관리 사각지대에 놓여 있던 체육 교습 행위에 대한 안전 관리가 한층 강화되었다.

오전 0시부터 오전 5시까지 체육 교습을 할 수 없으며 업소에서 주류를 판매하거나 제공해서는 안 되고 시설 기준으로는 해당 종목의 운동에 필요한 기구와 보조 장비를 갖추어야 한다. 이용자 안전을 위해 필요한 경우 운동 공간에 적절한 안전장치를 갖추어 안전하고 위생적인 환경에서 어린이들이 교습을 받을 수 있도록 해야 한다.

그리고 체육교습업으로 통학 버스를 운영할 때는 관할 경찰서장에게 어린이 통학 버스로 신고하고 보호자 동승, 하차 확인 장치 작동 등 도로교통법 제53조의 어린이 통학 버스 관련 규정도 준수해야 한다. 아래는 체육 시설의 설치 및 이용에 관한 법률 시행령 일부 개정안의 전문이다.

대통령령 제 31283호

체육시설의 설치·이용에 관한 법률 시행령 일부개정령(안)

체육시설의 설치·이용에 관한 법률 시행령 일부를 다음과 같이 개정한다.

제21조의2의 제목 "(이용료의 반환)"을 "(이용료나 교습비의 반환)"으로 하고, 같은 조 전단 중 "이용료 반환사유"를 "이용료나 그 시설을 이용한 교습행위의 교습비(이하 "이용료"라 한다) 반환사유"로, "아니한"을 "않은"으로 하며, 같은 조 전단 및 후단 중 "반환하여야"를 각각 "반환해야"로 한다.

제22조의 제목 "(무도학원업자·무도장업자의 준수 사항)"을 "(무도학원업자·무도장업자 및 체육교습업자의 준수 사항)"으로 하고, 같은 조 제목 외의 부분을 제1항으로 하며, 같은 조에 제2항을 다음과 같이 신설한다.
② 법 제22조제2항에 따라 체육교습업자가 준수해야 할 사항은 다음 각 호와 같다.
   1. 오전 0시부터 오전 5시까지는 교습을 하지 않을 것
   2. 업소에서 주류를 판매하거나 제공하지 않을 것

별표 2에 제10호를 다음과 같이 신설한다.

10. 체육교습업	체육시설을 이용하는 자로부터 직접 이용료를 받고 다음 각 목의 어느 하나에 해당하는 운동에 대하여 13세 미만의 어린이를 대상으로 30일 이상 교습행위를 제공하는 업(교습과정의 반복으로 교습일수가 30일 이상이 되는 경우를 포함한다) 가. 농구 나. 롤러스케이트 (인라인롤러와 인라인스케이트를 포함한다) 다. 배드민턴 라. 빙상 마. 수영 바. 야구 사. 줄넘기 아. 축구 자. 가목부터 아목까지의 운동 중 두 종류 이상의 운동을 포함한 운동

체육교습업은 회원제체육시설업과 대중체육시설업으로 크게 두 종류로 나뉜다. 체육시설업의 일종이기 때문이다. 대부분의 축구 교실은 정기 등록생을 바탕으로 운영하기 때문에 회원제체육시설업에 해당하겠다.

> 가. 회원제체육시설업 : 회원을 모집하여 경영하는 체육시설업
> 나. 대중체육시설업 : 회원을 모집하지 아니하고 경영하는 체육시설업

체육교습업의 시설을 허가받기 위해서는 법적으로 아래와 같은 요건을 충족하여야 한다.

1) 공통 필수 시설

가. 편의 시설

(1) 수용 인원에 적합한 주차장(등록 체육시설업만 해당한다) 및 화장실을 갖추어야 한다. 다만, 해당 체육 시설이 다른 시설물과 같은 부지에 위치하거나 복합 건물 내에 위치한 경우로서 그 다른 시설물과 공동으로 사용하는 주차장 및 화장실이 있을 때에는 이를 별도로 갖추지 않을 수 있다.

(2) 수용 인원에 적합한 탈의실(수영장업을 제외한 신고 체육시설업과 자동차경주장업의 경우에는 세면실로 대신할 수 있다)을 갖추어야 한다. 다만, 탈의실 또는 세면실을 건축물 내 다른 시설과 공동으로 사용하는 경우에는 이를 별도로 갖추지 않을 수 있다.

(3) 수용 인원에 적합한 급수시설을 갖추어야 한다.

나. 안전시설

(1) 체육 시설(무도학원업과 무도장업은 제외한다) 내의 조도(照度)는 「산업표준화법」 제12조에 따른 한국산업표준의 조도 기준에 맞아야 한다.

(2) 부상자 및 환자의 구호를 위한 응급실 및 구급약품을 갖추어야 한다. 다만, 신고 체육시설업(수영장업은 제외한다)과 골프장업에는 응급실을 갖추지 아니할 수 있다.

(3) 적정한 환기 시설을 갖추어야 한다.

(4) 어린이 이용자를 운송하기 위한 차량을 운행하는 때에는 「도로교통법」 제52조에 따라 신고된 어린이 통학 버스를 갖추어야 한다. 이 경우 「자동차 및 자동차부품의 성능과 기준에 관한 규칙」 제53조의4에 따라 설치하는 어린이 하차 확인 장치가 정상적으로 작동되어야 한다.

(5) 높이 3미터 이상으로서 추락의 위험이 있는 장소(계단은 제외한다)에는 견고한 재질로 된 높이 1.2미터 이상의 안전 난간을 설치해야 한다.

다. 관리 시설

등록 체육시설업에는 매표소·사무실·휴게실 등 그 체육 시설의 유지·관리에 필요한 시설을 설치하여야 한다. 다만, 관리 시설을 복합 용도의 시설물 내 다른 시설물과 공동으로 사용하는 경우에는 이를 별도로 갖추지 아니할 수 있다.

2) 체육시설업의 시설 기준

① 운동 시설

해당 종목의 운동에 필요한 기구와 보조장비를 갖추어야 한다.

② 안전시설

- 이용자 안전을 위하여 필요한 경우 운동 공간에 적절한 안전장치를 갖추어야 한다.

- 빙상·수영 종목을 교습할 때에는 제1호 및 2호 마목·자목의 시설 기준과 제1호 및 제2호 사목·차목의 안전·위생 기준이 준수되는 시설에서만 해야 한다.

위의 내용은 체육시설업에 공통적으로 적용되는 사항이며 체육교습업을 신고하는 경우 아래의 내용에도 추가적으로 유념하여야 한다.

① 체육교습업을 하려는 자는 시설을 갖추어 특별자치시장·특별자치도지사·시장·군수 또는 구청장에게 신고하여야 한다.

② 체육교습업의 신고를 한 자가 신고 사항을 변경한 때에는 특별자치시장·특별자치도지사·시장·군수 또는 구청장에게 신고하여야 한다.

③ 특별자치시장·특별자치도지사·시장·군수 또는 구청장은 제1항에 따른 신고를 받은 경우에는 신고를 받은 날부터 7일 이내에, 제2항에 따른 변경 신고를 받은 경우에는 변경 신고를 받은 날부터 5일 이내에 신고 수리 여부를 신고인에게 통지하여야 한다.

④ 특별자치시장·특별자치도지사·시장·군수 또는 구청장이 제3항에서 정한 기간 내에 신고 수리 여부나 민원 처리 관련 법령에 따른 처리 기간의 연장 여부를 신고인에게 통지하지 아니하면 그 기간이 끝난 날의 다음 날에 신고를 수리한 것으로 본다.

체육교습업의 신고 시 첨부 서류는 부동산의 임대차 계약서 등 사용권을 증명할 수 있는 서류(타인 소유의 부동산인 경우에만 해당한다), 시설 및 설비 개요서, 변경 내용을 증명할 수 있는 서류, 임시 사용 중인 건축물인 경우에는 임시 사용 승인서 사본 등이 있다.

체육교습업이 아닌 체육시설업을 등록 또는 신고한 자는 체육교습업을 신고하지 아니하고 그 체육 시설에서 교습을 할 수 있으며, 체육교습업자의 준수 사항은 「소음·진동관리법」 등 개별법의 규정을 초과하는 소음·진동으로 지역 주민의 주거 환경을 해치지 아니하도록 할 것, 체육 시설 업소 안에서 하는 도박이나 그 밖의 사행 행위(射倖行爲)를 조장하거나 묵인하지 아니할 것, 이용 약관 등 회원 및 일반 이용자와 약정한 사항을 지킬 것, 다음 각 목의 어느 하나에 해당하는 경우로써 이용료 반환 사유 및 반환 금액에 관하여 일반 이용자와 약정하지 아니한 때에는 대통령령으로 정하는 반환 기준에 따라 일반 이용자로부터 받은 이용료를 반환할 것, 일반 이용자가 본인의 사정상 체육 시설을 이용할 수 없게 된 경우, 체육시설업자가 체육시설업의 폐업, 휴업 등으로 영업을 계속할 수 없는 경우이다.

신고에 어려움을 겪는다면 전문 행정사의 도움을 받는 것 또한 권장한다. 그러나 창업 초기 비용을 절감하기 위해서는 어렵더라도 하나씩 차근차근 익혀 두는 것이 차후 사업 확장 시에도 도움이 되기 때문에 숙지해 두는 것이 좋다.

어디에서 시작할 것인가

1) 학군, 주거 고려하기

축구 교실을 구성하는 가장 중요한 요소는 무엇일까? 구장과 잔디의 질…. 많은 것들이 떠오르겠지만 결국 교실에 학생이 없다면 그 교실에는 아무런 의미가 없다. 따라서 가장 우선적으로 생각해야 할 것은 학생의 확보이다.

아이들의 동선 안에 있는 곳으로 입주하는 것이 가장 필수적이다. 학교와의 근접성을 우선적으로 고려할 필요가 있는 것이다. 대부분의 학부모는 학교부터 가정까지 크게 벗어난 동선 안에 있는 학원을 선택하지 않는다. 고등학생이 되어 대학 입시를 준비하는 갈급한 상황이 아니라면 동네라고 불리는 생활권 안에서 가장 교육의 질이 높은 업체를 선택한다. 그렇기 때문에 학급 수가 많고, 학생 수가 많은 학교를 중심으로 하여 이 학교와 근접한 곳에 축구 교실을 만드는 것이 가장 최우선적으로 고려할 사항이다.

서울에서는 너비의 문제나 잔디, 관리 등 다양한 이유들로 인해 야외 구장을 구하는 것이 쉽지 않다. 따라서 많은 경우 실내 구장을 창업하는 선택을 하게 된다. 이 경우에는 주 고객은 학생들의 동선이나 생활 방식을 고려하여 입지를 정하는 것이 좋다.

첫 번째로는 학교와의 거리를 고려해야 한다.
신규 학생이 유입되어야 하는 것은 물론이고, 기존 학생이 클럽으로 등하원을 하는 과정에서 거리상으로 멀거나, 주변 환경이 좋지 않은 경우에는 보호자로서 선호하기 어렵다. 또한 이러한 이유로 학원 셔틀을 운영하기 때문에 운전 가능한 도로나, 도로 상태를 고려하여 창업 위치를 정해야 한다.

두 번째로는 지상층을 선택해야 한다.
나도 처음 창업을 고려하면서는 금전적인 비용 때문에 지하를 고려했지만 결국은 지상을 선택했다. 짧게는 40분부터 길게는 2시간까지 땀을 흘리면서 뛰어다니는 아이들이 머무는 공간이다 보니 공기 순환에도 문제가 생길 수밖에 없다. '내 아이가 운동하러 간다' 혹은 '내가 직접 가서 운동할 공간'이라고 생각하고 환경적인 부분을 모두 고려하여 선택한다면 지하가 아닌 지상층을 고르게 된다. 이 경우에는 이러한 이유로 주로 다른 보습 학원이 위치한 상가로 선택지가 좁혀지게 된다.

세 번째로는 안전한 곳인가 확인하는 것이다.
학원 셔틀 차량을 통해서 등원, 하원하기 때문에 차량을 잠깐 정차하여 둘 만한 곳이 있는지, 그리고 도로가 위험하지는 않은지 확인해야 한다. 아이들이 차량을 내려 줄 때 오토바이 등이 튀어나오거나 하는 위험성이 적은 곳을 선택해야 한다. 또한 잠깐의 이동 과정 중에서도 범죄에 노출되지 않을 만한 밝은 골목, 유흥업소가 없는 지역을 고르는 것 또한 중요하다.

내가 창업을 처음 하던 시기에는 경쟁사는 거의 없었기 때문에 고려의 대상은 아니었다. 그러나 지금처럼 유사 업체가 많이 늘어났다고 해도 입지를 고려할 때에 경쟁 업체는 중요하게 고려할 사항은 아니다. 동시간대에 받을 수 있는 수업 시간은 한정되어 있고, 강사 한 명당 관리할 수 있는 학생의 수 또한 한정적이다. 따라서 학급수와 학생들이 많은 학교 주변에 입지하기만 한다면 경쟁사와는 서로 피해가 되지 않는 선에서만 고려하면 서로 윈윈(win-win)하며 상생할 수 있는 방향성으로 나아가지 않을까?

그리하여 나는 현재 운영 중인 6개의 클럽 모두 학교에서 가깝고 안전한 곳, 지상층에 클럽을 운영하고 있다. 아이들과 아이들을 맡기는 학부모의 마음을 모두 고려한다면 실패 없는 장소를 선택할 수 있으리라 생각한다.

2) 건물 고르기

- 인프라

앞서 언급했듯이 아이들은 셔틀을 이용해서 학교와 축구 교실, 가정을 오가지만 그 과정에서 도보 이동도 반드시 포함되게 된다. 단순히 이 루트를 반복하는 것이 아니라 놀이터에도 잠깐 들르고, 편의점에서 식사도 하며, 친구와도 인사를 나눌 것이기 때문이다. 따라서 아이들이 반복해서 축구 교실 주변을 이동한다고 했을 때 안전한 곳이어야 한다.

이는 차후 일어날 사고를 미연에 방지하기 위해서도 중요하지만 학생을 유치할 때 또한 중요한 요소가 된다. 많은 학부모들이 교육 시설을 선택할 때 시설의 입지와 안전성 등을 중요한 평가 요소로 두기 때문이다.

통학 과정에서 아이에게 문제가 생긴다면 이는 전적으로 축구 교실의 책임이다. 때문에 소중한 학생을 잃고 싶지 않다면 안전성은 반드시 고려하여 창업하도록 하자.

- 건물 환경

실내 구장이 야외 구장의 정규 규격을 완전하게 일치한 동일한 구장을 만들 수는 없지만 최소한 직사각형 형태를 유지할 필요가 있다. 축구 구장이라고 일컬어지는 모양의 가장 근본이자 기본이 되는 형태이기 때문이다. 때문에 공사를 하더라도 직사강형 구장의 크기가 나올 수 있는 곳인지를 임대 장소를 정할 때 가장 먼저 파악하여야 한다.

또한 층고에 대해서도 반드시 고려해야 한다. 실내 경기 특성상 뜬공이 생기는 빈도가 매우 낮은 편이긴 하지만 그럼에도 불구하고 뜬공은 생기기 마련이고, 층고가 지나치게 낮은 경우에는 공이 천장을 맞고 바닥의 선수들에게 맞는 등의 사고가 발생하기 쉽다. 뿐만 아니라 경기가 원활하게 진행되지 않을 것은 당연하게 예상되는 일이다.

또 한 가지 놓치지 말아야 하는 부분이 있다면 층간 소음이다. 아무리 바닥에 충격 완충제를 설치한다고 하더라도 긴 시간 뛰어다니면서 점수를 내는 경기의 특성상 층간 소음은 반드시 발생할 수밖에 없다. 또한 경기의 내용으로 인해 흥분하여 뛰다 보면 무의식중에 더욱 큰 소리가 나는 것은 당연하다. 계약하고자 하는 건물의 아래층에 층간 소음이 발생하여도 괜찮은 업종이 입주 중인지 확인해 보자. 창고 등으로 사용하여 사람이 상주하지 않는 경우가 가장 좋은 경우이다. 이 부분에 있어서 건물주나 다른 입주사와 합의가 원활히 이뤄지지 않은 상황에서 무작정 입주를 하게 되면 많은 부분에서 항의를 받고 부딪칠 일이 많아질 수 있다.

나가며

나는 현재 축구 교실을 운영하는 동시에 지방 의원직으로 근무하고 있고, 체육학 대학원 박사 과정 또한 재학 중이다. 안정적인 사업체를 운영하고 있고 사업도 순항 중인데 굳이 새로운 도전을 해야 하냐고 묻는 사람들도 있다. 그렇지만 나의 생각은 다르다.

구 의원에 도전을 했고, 감사하게도 당선이 되었다. 정치를 하면 내가 부족한 부분인 행정학 공부를 해야 하는 것이 아닌가 생각하는 사람들이 많다. 그러나 나는 내가 가장 잘할 수 있는 것들부터 시작하여 대한민국 국민의 스포츠 복지에 기여하고 싶다는 포부가 있다.

지금 이 책을 쓰고 출판을 하겠다고 결심한 이유도 이와 비슷한 맥락에서이다. 다른 지도자들에게 많은 연락이 온다. 축구를 같이하던 동료도 있고 전혀 모르는 분들도 계시다. 성공적인 사업 운영 방식에 대해 많은 분들이 궁금해하신다. 나는 이들에게 기꺼이 축구 교실을 창업하는 경우에도 실패하지 않았으면 하는 노하우를 전달하곤 한다. 이들과 이야기를 하다 보면 내가 할 수 있는 말은 책으로 전달하고 싶다는 생각이 든다. 바라건대 이 책을 통해 나와 연락이 닿지 않은 보다 많은 분들도 나의 이야기와 노하우에 대해서 알았으면 하는 바람이다.

성동구가 현재는 소득 수준이 높은 지역구로 알려져 있지만 불과 20~30년 전에는 취약 계층이나 다문화 가정이 많이 거주하는 곳이었다. 그리 멀리 거슬러 올라가지 않아도 내가 처음 축구 교실을 열 때만 해도 사정이 어려운 학생들이 여전히 많았다. 나는 손익 계산을 하기에 앞서 학생들에게 밥을 사 주면서 축구를 가르쳤다. 내가 자라온 성동구에는 마땅한 놀이 문화가 없다는 것을 누구보다도 잘 알고 있었기 때문이다. 꿈나무 카드로 어렵게 밥을 사 먹는 모습을 보면서 전문가가 스포츠에 들어가서 스포츠의 필요성을 알리고 싶은 마음이 컸다. 스포츠와 스포츠 교육에 투자하는 것은 낭비가 아니라 지역 사회의 발전과 아이들의 미래를 위해서 반드시 필요한 일이라고. 내가 목소리를 내기 시작한다면 또 나와 뜻을 같이하는 이들이 많이 늘어나지 않을까 기대한다. 축구 교실이 그러했듯이 말이다.

지금은 구 의원으로 일하고 있지만, 궁극적으로 내가 하고 싶은 일은 스포츠와 관련되어 큰 영향을 미치는 일이다. 성동구에서의 발자취를 시작으로 전국적으로 스포츠와 스포츠 사업, 스포츠 교육에 긍정적인 영향을 끼치고 싶다. 더욱이 나와 같이 운동선수 경험이 있는 사람에게도 하나의 롤 모델이자 앞으로 나아갈 방향의 나침반이 되어 주고 싶기도 하다. 모든 스포츠 사업 종사자가 상생할 수 있는 세상을 만들어 가고 싶다.

부록 – 실내 축구장은 필수! "왜 그럴까?"

개업을 준비하면서는 야외에 위치한 구장을 찾았지만 여러 가지 환경적인 여건이나 실내 축구장이 가진 장점으로 인해 실내 축구장을 선택하게 됐다. 뿐만 아니라 부지와 시간은 한정적인 데에 반해 스포츠 인구는 늘어나고, 한정된 지역에 위치하여 접근성이 떨어지는 실외 구장을 일정 부분 대체할 수 있는 스크린 골프와 스크린 야구는 이미 대중적이다. 이 추세는 최근 축구까지 이어지고 있다. 나와 마찬가지로 실내 축구 클럽 개업을 고민 중인 사람이라면 아래 장점을 고려할 수 있을 것이다.

날씨의 영향이 없다

축구는 야외에서 진행될 때 야구와 달리 비가 와도 그대로 진행하는 스포츠이다. 그러나 이는 프로의 영역이거나 축구를 몹시 좋아하고 즐기는 성인 혹은 청소년 이상의 건강한 사람에게 해당하는 이야기이다. 유소년이 축구를 배우는데 야외에서 비를 맞으며, 혹은 혹한기에 눈을 맞으며 수업을 즐기기를 바라는 학부모는 거의 없을 것이다.

일반인에게 개방된 야외 구장은 대부분 잔디가 깔려 있지 않기 마련이고, 비나 눈으로 지면이 미끄러워진 상태에서 훈련을 하거나 경기를 치르는 아이들은 위험에 노출되기 마련이다. 그러나 실내 구장은 비가 오건 눈이 오건 날씨에 영향을 받지 않기 때문에 위험 부담이 줄어드는 것은 물론이고 일정한 컨디션 아래에서 스킬을 기르기에도 적합하다.

또한 최근 불거진 미세 먼지나 초미세 먼지와 같은 환경 이슈에도 실내 축구장은 자유롭다. 특히 오랜 시간 뛰면서 호흡이 가빠지고, 더욱 많은 공기를 마시게 되는 축구의 경우에는 더욱 공기의 질에 민감할 수밖에 없다. 그러나 실내 구장은 공기 청정기 설치가 가능하고, 어느 정도 통제가 가능한 영역에 있기 때문에 이 부분에서 자유롭다.

더 재미있다

볼 터치가 많을수록 경기의 흥미가 올라간다. 축구 경기를 한 번이라도 해 본 사람이라면 공감할 만한 말이다. 볼 터치란 말 그대로 경기 중에 볼을 가지고 드리블을 하거나 패스, 혹은 슈팅을 하는 등 볼에 관여하는 시간과 횟수를 가리키는 말이다. 단체로 협업하는 스포츠이니 만큼 언제나 한 사람이 볼을 가지고 있는 것은 불가능하다. 패스하며 공을 골대까지 보내는 것이 목적인데 정규 규격을 지킨 야외 구장의 경우 패스의 길이 또한 길어지기 마련이라 볼 터치의 횟수가 실내 구장에 비해 아주 적은 편이다.

볼 터치가 늘어날수록 운동량 또한 늘어날 수 있는 것이 이유가 된다. 구장이 한정적인 크기를 가지고 있기 때문에 경기 진행 속도가 빨라질 수밖에 없고, 때문에 공격과 수비 모두 상대방의 반응과 반격이 모두 빠르게 일어난다. 따라서 강한 슈팅보다는 드리블과 패스가 팀의 승리를 결정하는 데 중요한 요소가 되고, 이 때문에 더욱 많은 운동을 하게 되어 야외 운동보다 오히려 운동 효과가 커지게 된다.

관리가 용이하다

통제가 되지 않는 환경에서 벌어지는 사고는 상상을 뛰어넘는다. 갑자기 공이 차도로 넘어가면? 지도 교사의 시야 밖에서 강한 태클이 벌어진다면? 대기 중인 아이들에게 싸움이 난다면? 야외 구장은 너비가 넓고, 그렇다 보니 아무리 집중해서 본다고 해도 사각지대가 생기기 마련이다. 혈기가 왕성한 아이들을 지도할 때는 아무리 주의해도 언제나 돌발 상황이 발생한다.

사고가 나지 않더라도 교사당 학생 수를 적절히 맞춘다 하여도 실시간으로 진행되는 수업 중에는 소외되거나 이탈되는 아이 또한 생기기 마련이다. 그러나 이러한 모든 관리상의 문제점은 실내 구장으로 옮겼을 때 많은 부분이 해결된다. 우선 한눈에 구장과 아이들의 모습이 눈에 들어오기 때문에 문제 상황이 생겼을 때 즉각 대처가 가능한 것은 물론이고, 일어날 만한 사고의 가능성 또한 많은 부분 차단된다.

개인 기술을 기르기 좋다

실내 축구는 스피드와 체력이 강조되는 축구에 비해서 개인 기술의 반영이 쉽다. 공간이 좁고 골대 또한 작기 때문에 크로스를 통한 득점은 거의 나오지 않는다. 무릎 아래 패스를 이용한 찬스 만들기가 대부분의 득점으로 이어진다. 야외 축구의 경우에는 상대 수비수가 접근하기 전에 멀리 차서 보내는 것이 일반적이지만 실내 구장은 구장이 좁기 때문에 직접 볼을 키핑하고 압박 수비로부터 본인이 벗어날 능력을 키워야 하는 경우가 많다. 이 때문에 선수 개인의 테크닉이 발전할 기회가 많다.

또한 구장의 크기로 인해 장거리를 폭발적으로 뛰어야 할 근력이나 호흡량이 덜 요구되기 때문에 발달이 아직 성숙하지 않은 아이들이나 노년층, 여성들에게 적합하기도 하다. 이 때문에 특히 유소년 선수들의 기본기나 민첩성 확립 목적을 위해서 훈련에 일부러 이용되기도 한다.

항목	풋살	실내 축구
경기장 최소 사이즈	7m × 20m	38m × 18m
볼	상관 없음	상관 없음
경기장 표면	인공 잔디	잔디(천연 잔디, 인조 잔디)
신발	스터드, 평평함	스터드 ○
경기 시간	자유	전후반 45분
경기자 수	3:3 5:5	11명
오프사이드	×	○

수많은 실내 축구장의 장점에도 불구하고, 단점은 물론 존재한다.

첫 번째로 실내 구장은 축구장만큼 큰 평수가 없기 때문에 임대료나 관리 부분에서 감당이 어려운 점도 있다. 학원 상가를 임대한다고 했을 때 일반 점포 한 개 이상의 너비를 사용하기 때문에 임대료가 부담이 된다. 또한 대부분 실내 구장은 축구 뜬공을 감당할 수 있을 만큼의 층고 확보가 되기 어려운 점도 있다.

두 번째로 실내 잔디 관리의 어려움이 있다. 실외 구장은 자연스레 지대가 충전재 역할을 해 주는 반면 실내 축구장은 아래가 콘크리트이기 때문에 오랫동안 뛰다 보면 무릎이나 발목 통증을 호소하는 경우도 있다. 이 때문에 아래에 미리 토목 작업을 한 후에 잔디를 깔기도 하지만 이는 비용 측면에서 쉽게 고려하기 어려운 부분이다. 또한 이 잔디는 1년에 한 번 정도로 주기적으로 교체를 해야 안전이나 경기 운용 측면에서 유리한 부분이 있다. 고정적으로 1년에 나가는 지출을 최대한 줄여야 하는 것이 사업 운영의 핵심이지만, 고정 지출이 연 단위로 있다는 것은 사업자 입장에서 단점으로 작용할 수밖에 없는 부분이기도 하다.

세 번째로 부대 비용을 고려해야 한다는 점이다. 보통 건물 실내, 그중에서도 아파트 상가에 주로 입주하다 보니 임대료와 관리비는 매달 항상 지출되는 것으로 생각해 두어야 하는 비용이다. 또한 아무리 매트를 깔고 주변 상점에 양해를 구했다고 하더라고, 공간을 임대까지 한다고 하였을 때 거의 하루 종일 뛰는 소리와 소리 지르는 소리 등이 들리기 때문에 정기적으로 민원이 들어오곤 한다. 이 부분에 대한 충분한 이해와 고려가 이루어진 뒤에 창업을 하여야 당황스러울 일이 없을 것이라 생각한다.